AF532581

Esther
und
Salomon

Für meine (Zug-)Vogelfamilie

Jakob, Ida, Mischa, Mama,
Neneh, Mariama, Susanna, Ben

- **LUCHS-Preis für Kinder- und Jugendliteratur** | Empfehlungsliste, 2021
- **Leselotse – Die besten Bücher für Kids & Teens**, Börsenblatt | 2021
- **Beste 7 – Bücher für junge LeserInnen**, Deutschlandfunk | 2021
- **Jugendbuch des Monats**, Deutsche Akademie für Kinder- und Jugendliteratur | 2021

Die Arbeit an diesem Roman wurde
durch ein Jubiläumsfondsstipendium
der Literar-Mechana gefördert

2. Auflage 2021

Umschlaggestaltung: Michael Roher
Satz- und Layoutgestaltung: Nele Steinborn, Wien
Schriften: Aldus Nova Pro
Druck und Bindung: FINIDR, Tschechien
ISBN 978-3-7022-3917-6 (gedrucktes Buch)
ISBN 978-3-7022-3923-7 (E-Book)
E-Mail: buchverlag@tyrolia.at
Internet: www.tyrolia-verlag.at
Social Media: Tyrolia Verlag Kinderbuch

Wir danken für die Förderung

KULTUR
NIEDERÖSTERREICH

Elisabeth Steinkellner

Esther und Salomon

mit Fotos
der Autorin
und Zeichnungen
von Michael Roher

Tyrolia-Verlag • Innsbruck–Wien

Esther

Nichts stimmt hier.

Papa und Mama
haben ein Zimmer mit Doppelbett,
aber Papa schläft auf der Couch daneben.
Flippa und ich
haben ein Zimmer mit zwei Einzelbetten,
aber keinen Fernseher.
Valerie ist meine beste Freundin,
aber sie hat sich seit meiner Abreise
nicht mehr gemeldet.
»Es ist langweilig hier«, sage ich,
aber Mama meint:
»Unternimm doch was
mit deiner Schwester!«

Mit Flippa was unternehmen?

Sie ist FÜNF!

Am Frühstückstisch
umweht uns ein eisiger Wind,
der kommt nicht von der Klimaanlage,
jedenfalls nicht nur.

Mama beklagt sich
über den miesen Kaffee,
Papa beklagt sich
über Mamas miese Laune.

Flippa spricht eifrig
mit den Cornflakes in ihrer Schüssel
und ich begutachte den Pickel auf meiner Nase
im blank polierten Buttermesser.

Vielleicht sollte ich mir das Messer
einfach ins Bein rammen,
dann fliegen wir wenigstens
vorzeitig zurück.

Flippa nimmt Anlauf
und springt in den Pool,
im Arm ihr aufblasbares Plastikkrokodil.
Als sie eintaucht,
schlägt das Krokodil dumpf
auf der Wasseroberfläche auf
und treibt dann ein Stück weiter,
einer Frau im knappen Bikini entgegen,
mit der Schnauze berührt es
kurz ihre Brust.

Schnapp zu!,
denke ich,
aber da schiebt die Frau das Krokodil
schon genervt von sich weg
und Flippa kommt prustend
wieder hoch.
Sie kreischt vor Vergnügen
und ruft etwas in meine Richtung,
aber ich kann nur die Bewegung
ihrer Lippen sehen,
ihre Worte gehen unter
im vibrierenden Disco-Sound,
der aus den Lautsprechern dringt.

Wie übersteht man
zwei Wochen,
wenn man sich schon nach
zwei Stunden
genauso verschrumpelt fühlt,
wie manche der Gäste hier aussehen,
vor allem jene,
die auf ihren Pool-Liegen
festgewachsen sind
und wirken,
als würden sie
zum Inventar gehören.

Und jetzt lächeln einmal alle schön
und sagen: „Ameisenscheiiiiiiiiße!"

Andere Familien
sitzen abends in einem der vielen Lokale.

Die Erwachsenen trinken Wein
und unterhalten sich,

die Kinder schlecken Eis
oder spielen auf der Promenade
Nachlaufen und Gummitwist

und die Jugendlichen hören Musik
aus ihren Handys und Boxen
und flirten zuerst wild in die Runde,
bevor sie sich schließlich doch noch
zu einzelnen Paaren
zusammenfinden
und sich ein ruhiges Plätzchen suchen –

auf den Terrassen
der kleinen Strand-Imbisse,
hinter einem Felsen
im kühlen Sand,
notfalls neben den Mülltonnen
in den Hinterhöfen der Bars.

Meine Familie
bleibt abends im Hotel.

Die Eltern schweigen
(im besten Fall),

dic Fünfjährigc malt Meerjungfrauenbilder aus
und plappert unentwegt von Arielle

und die Vierzehnjährige fragt sich,
ob man sich selber
zur Adoption freigeben kann.

Die einzige,
die meine schlechte Laune bemerkt,
ist Flippa.
»Du bist traurig«,
sagt sie.
»Stimmt gar nicht«,
lüge ich.

Sie kriecht zu mir ins Bett,
drängt sich ganz dicht an mich heran
und schlingt einen Arm um meinen Bauch.
»Stimmt sehr wohl.«

»Ich vermisse Valerie,
aber sie mich nicht.«
Ich lächle,
als wäre das keine große Sache,
dabei ist mir nach Weinen zumute.

Aber Flippa kann ich ohnehin
nicht täuschen.
»Soll ich dir was vorsingen?«,
fragt sie sanft.

Ich zucke mit den Schultern,
dann nicke ich
und schließe die Augen.

Flippa packt ihr gesamtes Repertoire
an Gute-Nacht-Liedern aus,
hängt ihre liebsten Disney-Songs dran
und trällert schließlich noch
ein paar selbsterfundene Hits.

Ich atme ruhig und gleichmäßig,
tue so,
als hätte sie es tatsächlich geschafft,
mich in den Schlaf zu singen.

Sie rollt sich vorsichtig aus meinem Bett,
tappt auf Zehenspitzen zum Schalter
und löscht das Licht.
Dann stößt sie einen kleinen Seufzer aus,
als wäre sie die Mutter,
die es endlich geschafft hat,
ihr Baby zum Schlafen zu bringen.

Ich erinnere mich an Tage,
da konnte Papa nicht genug kriegen
von Mama
und sie nicht genug
von ihm.
Sie schwänzelten umeinander herum,
warfen sich vieldeutige Blicke zu
und konnten die Finger nicht
voneinander lassen:
Mama schob ihre Hand
hinten rein in Papas Jeans,
Papa seine unter Mamas Shirt.
In diesen Momenten
zwang mich immer irgendwas,
drei Sekunden lang
wie gebannt zuzusehen,
um dann ganz angewidert wegzuschauen.
Faszinierend und peinlich zugleich
fand ich ihren seltsamen Turteltanz.

Und nun?
Nun frage ich mich,
ob es Monate
oder doch schon Jahre her ist,
seit zuletzt ein solcher Turteltag war.
Und ob ich länger als drei Sekunden
hingesehen hätte,
hätte ich gewusst:
Es ist das letzte Mal.

Wenn sie es mir wenigstens erklären könnten:

Gab es einen großen Knall,
einen erbitterten Streit?

Hatte Papa was
mit einer anderen Frau
oder Mama was
mit einem anderen Mann?

Oder war es ganz anders?
Wehte vielleicht eines Tages
ein kühler Wind zur Hintertür herein?
Kein Orkan, nur eine Brise,
aber sie verfing sich
in den Ecken des Hauses
und fand nicht mehr hinaus.

So kam es, dass die Kühle blieb.
Ein stiller Gast,
anfangs kaum bemerkt,
aber weil niemand ihn aus dem Haus jagte,
richtete er sich

nach und nach

immer mehr ein.

Flippa und ich wollen ans Meer,
aber Mama bleibt lieber am Pool
und Papa sitzt an der Hotelbar.
Ich habe beobachtet,
wie die Barkeeperin versucht,
mit ihm zu flirten,
aber er schaut nur stur in die Zeitung
oder auf sein Telefon.
Wenn er bloß darauf einsteigen
und seine Haare kämmen
und Rasierwasser verwenden würde,
um dieser fremden Frau zu gefallen.
Vielleicht würde Mama dann
eifersüchtig werden
und sich auch ins Zeug legen,
würde in ein enges Kleid schlüpfen
und ihr ansteckendes Lachen lachen.
Das würde wiederum Papa
die Augen öffnen
und schließlich würden sie beide
wieder wissen,
warum sie einander geheiratet haben
und es gäbe ein Happy End
im Sonnenuntergang.

So läuft das doch in den Filmen.

Wieso schaffen meine Eltern es nicht,
sich an ein simples Drehbuch zu halten?

Wir gehen alleine zum Strand.
Es wuselt
wie auf einem Ameisenhaufen
und ich schärfe Flippa ein,
dass sie nicht weglaufen darf,
weil ich sie unter all den Menschen
nie mehr finden würde.
Sie nickt andächtig und ich weiß:
Sie hält sich dran,
wir zwei sind ein gutes Team.
Jeder Streit zwischen Mama und Papa
hat die beiden
weiter auseinander
und Flippa und mich
näher zusammen
gebracht.

Neben uns
sitzen ein paar Mädchen,
vielleicht so alt wie ich,
ständig zücken sie ihre Handys
und machen Fotos
von sich selbst.

Ich sehe ihnen eine Weile zu
und frage mich,
was für sie wohl mehr zählt:
der Moment,
den das Foto festzuhalten versucht,
oder jener,
in dem ihr Post den hundertsten
Like bekommt?

Flippa hat eine Spielkameradin
gefunden,
zusammen buddeln sie im Sand,
graben Kanäle,
schichten Mauern auf
und klopfen sie eifrig fest.
Zwischendurch laufen sie
immer wieder zum Meer
und schöpfen Wasser
mit ihren bunten Kübelchen.

Dann stehen sie,
von oben bis unten
mit Sandmatsch beschmiert,
vor ihrem Bauwerk
und gestikulieren wild –
vermutlich planen sie,
wo welche Prinzessin
ihr Zimmer haben soll
und ob der Drache
in der Höhle nebenan
böse oder freundlich ist.

»Wo sind denn deine Eltern?«

Das Mädchen
sieht mich fröhlich an
und zeigt mit dem Finger
einmal rund um sich
herum.

»Aisha und ich
sind jetzt Freundinnen!«
Flippa hopst so vergnügt neben mir her,
dass ich sofort vergesse,
wie sehr ich mich gelangweilt habe
an diesem Nachmittag.

»Aisha? Ein schöner Name.
Woher kommt sie denn?«
»Aus dem Hotel weiter drüben«,
erklärt Flippa,
»aber stell dir *das* vor:
Die kriegen dort zum Frühstück
keine Ananas!«
Sie sieht mich empört an
und ich will sie in den Arm nehmen
und ihr sagen,
wie gern ich sie mag.

Stattdessen
streiche ich ihr über die Haare.
»Ich meinte, aus welchem *Land*
Aisha kommt.«
Flippa zuckt mit den Schultern.
»Vielleicht aus Grönland.
Oder Sandland.
Aber auf alle Fälle
bringe ich ihr morgen
Ananas mit!«

Sie hopst voraus
und die Glücksspur,
die sie hinter sich herzieht,
reicht bis zu mir,
reicht für uns beide

und reißt erst ab,
als wir ins Hotel kommen
und die genervten Gesichter
unserer Eltern sehen.

Ich möchte Mama und Papa
ins Publikum setzen
und sie zwingen,
sich ihr eigenes Trauerspiel
anzusehen:

die lautstarken Streitereien,
das vorwurfsvolle Schweigen,
die wütenden Anklagen,
die verächtlichen Blicke.

Möchte beobachten,
wie sich auf ihren Gesichtern
Entsetzen breitmacht,
und sie dann fragen:
Spürt ihr jetzt,
wie weh uns das tut?
Begreift ihr nun,
dass all die bösen Worte,
die ihr aufeinander abfeuert,
auch die Umstehenden verletzen,
Flippa und mich?
Und dass es große Wunden sind,
die immer wieder aufklaffen
und für die kein kleines Pflaster reicht,
das man schnell mal draufklebt,
wie nebenbei?

Man kann auch innerlich sterben,
still und von außen unbemerkt.

Quizfrage:

Wer oder was
trägt die größte Schuld?

der Alltag
die Langeweile
die Überforderung
die Unachtsamkeit
der Stress in der Arbeit
die Schwiegereltern
Papas Bauchansatz
Mamas Orangenhaut
Papas Arbeitskollegin
Mamas Schulfreund von früher

Oder doch:

die zwei Kinder

die versorgt werden müssen
im Weg sind
ständig etwas brauchen

Zeit
Verständnis
Liebe

Sie stapft so eilig
Richtung Strand,
dass ich mich beeilen muss
um hinterherzukommen.

In ihren Händen hält sie,
fest umschlossen,
einen Becher
mit Ananasstücken.

Flippa und Aisha vollführen einen Freudentanz
vor lauter Wiedersehensglück.

Mein Handy piept.
Valerie schreibt mir,
dass sie mich vermisst.

Der Gedanke,
dass ich schmollen könnte,
weil sie tagelang
nicht geantwortet hat,
kommt mir für eine Sekunde
in den Sinn,
aber wirklich nur
für eine Sekunde.

Dann schicke ich ihr
eine ganze Zeile Herzen
und schreibe:
Ich dich auch.

Es ist nicht so,
dass ich in der Schule gemieden würde.

Es ist nur so,
dass nie jemand meine Gesellschaft sucht.

Wahrscheinlich
liegt es gar nicht daran,
dass sie mich nicht mögen.

Wahrscheinlich
finden sie mich einfach seltsam,
weil ich meine alte Sofortbild-Kamera liebe
und ernsthaft interessiert bin
am Unterrichtsstoff.

Wer legt eigentlich fest,
was normal ist und was nicht?

Ich wünschte,
ich könnte mit Valerie
zur Schule gehen.

Acht Stunden pro Tag
an zweihundert Tagen im Jahr,
für weitere vier Jahre
verbringe ich an einem Ort,
an dem ich einsam bin.

Das ist ziemlich viel
an Lebenszeit.

»Hallo.«

Ich schaue auf,
sehe ihn
und kapiere sofort.

»Bist du Flippas Schwester?«

Ich nicke,
viel länger,
als ein normaler Mensch nickt,
und spüre dieses winzige
Rumpeln der Welt,
das etwas völlig Neues
ins Rollen bringt.

»Salomon.«

»Esther.«

Mehr
fällt uns anfangs
nicht ein.

Die größten Abenteuer beginnen dann,
wenn man am wenigsten damit rechnet.

»Vor zwanzig Jahren
sind dein Vater und ich
zusammen durch die Welt getrampt«,
sagt Mama,
»und jetzt sitzen wir hier,
in diesem Hotel,
und spielen reich und schön.
Wie konnte sowas
nur passieren?«

Sie fragt nicht mich,
sondern die Kirsche,
die in ihrer Bowle schwimmt
und vom Alkohol so angesoffen ist,
dass sie auch keine Antwort weiß.

Die Frau,
die täglich unser Zimmer reinigt,
hat freundliche Augen und kurzes Haar.
Sie lächelt mir zu und ruft einen Gruß,
wenn wir uns
in den langen Korridoren
des Hotels begegnen.
Ihre Fröhlichkeit wirkt echt,
nicht so,
als wäre sie nur Teil ihres Jobs.
Ich frage mich,
wie sie es schafft,
die Leute, deren Zimmer sie saubermacht,
nicht zu beneiden.
Sie nicht zu hassen dafür,
dass sie für einen zweiwöchigen Aufenthalt
in diesem Hotel
viel mehr Geld ausgeben,
als sie selbst in zwei Monaten
verdient.
Ob sie Kinder hat?
Ich wünschte,
ich wäre ebenso frei von Neid.
Neid auf die Kinder,
die eine Mutter haben,
die so fröhlich ist.

Am Morgen übergibt sich Flippa
mehrmals hintereinander,
vielleicht ein Sonnenstich.
Mama verordnet ihr
einen ruhigen Tag auf dem Zimmer,
Flippa tobt und protestiert,
doch Mama bleibt unerbittlich
und zieht die Vorhänge zu.

Flippa schlingt ihre Arme um mich,
so fest, dass ich kaum Luft kriege,
und fleht mich an,
bei ihr zu sein.

Ich hätte gerne ein bisschen Zeit
für mich alleine,
um durch die Stadt zu bummeln,
zum Leuchtturm zu laufen,
vielleicht zum Strand zu gehen.

»Bittebittebitte«, bettelt Flippa.

Ich will nein sagen, öffne den Mund
und heraus kommt: ja.

»Was wünschst du dir
am allermeisten?«

Wir liegen auf Flippas Bett
und schauen hinauf zur Decke,
eine Packung Kekse und das Krokodil
zwischen uns.

Sie muss keine Sekunde überlegen:
»Einen Delphin zum Freund,
ein Baumhaus,
mit dem man fliegen kann,
und dass Mama und Papa
sich wieder verstehen.«

Ich muss keine Sekunde überlegen,
um zu wissen:

Nichts davon
kann ich ihr je erfüllen.

»Schichtwechsel!«,
rufe ich,
als Mama das Zimmer betritt.
Ich küsse Flippa auf die Wange
und bin draußen,
bevor jemand
Einspruch erheben kann.

Links geht es in Richtung Stadt,
rechts zum Leuchtturm
und zum Strand geradeaus.

Mein Kopf spult
einen von Flippas Auszählreimen ab:

Ene, mene, muh
und raus bist du.

Links,
entscheidet der Reim.

Raus bist du noch lange nicht,
musst erst sagen, wie alt du bist ...

Rechts,
entscheidet er diesmal.

Kindischer Blödsinn,
sage ich mir

und gehe geradeaus.

Aus welchem Grund,
bitteschön,
sollte ich den Strand
nach Aisha absuchen,
wo Flippa doch gar nicht
bei mir ist?

Der Grund lächelt mich an,
als wäre es das Normalste der Welt,
dass ich ganz alleine hier auftauche,
ohne Flippa
und ohne Badesachen,
und mich auf seinem Handtuch
niederlasse.

Als er mit Aisha ins Wasser geht,
bleibe ich am Ufer zurück.
Ich stehe im feuchten Sand,
lasse mir von den Wellen
die Füße umspülen
und spüre
das Sprudeln und Schäumen
bis hinauf
in mein Herz.

Der Himmel verdunkelt sich,
Wind kommt auf,
da zieht ein Gewitter heran.

Die meisten Badegäste beginnen,
ihre Habseligkeiten zusammenzuraffen.

»Was denkst du?«, frage ich.
Er sieht nach oben
und zuckt mit den Schultern.
»Ich denke,
wir haben noch Zeit.«

Ich mag diese Stimmung.
Man spürt: Da liegt etwas in der Luft.

»Als Wetterfrosch
taugst du nicht!«,
schreie ich
gegen das Prasseln an.

Schon eher als Rennpferd.

Aisha sitzt auf seinen Schultern,
sie ruft: »Galopp, Galopp!«
Und Salomon, 14,
mit der Startnummer 2,
geht mit Abstand als Erster
durchs Ziel.

Ein flüchtiger Abschiedsgruß,
dann sind sie schon
durch die Drehtür ihres Hotels
verschwunden.

Ich winke ihnen hinterher,
aber die Tür ist verspiegelt.

So winkt mir nur
meine eigene tropfnasse Gestalt
zurück.

Bei unserem Hotel
angekommen
springe ich
mitsamt meiner Kleider
in den leeren Pool
und tauche
eine ganze Länge.

Ich muss das tun,
sonst platze ich.

»Duhuu, Esther,
zu wem wirst du ziehen,
zu Papa oder zu Mama?«

Flippa sieht mich so ernsthaft an,
dass ich mich nicht traue,
ihre Frage einfach wegzuwischen.

»Ich möchte dort wohnen,
wo du wohnst«,
fährt sie fort,
»dann können zumindest
wir beide eine Familie sein.
Oder?«

Ich schlucke
und nicke
und nehme sie in den Arm.

Niemals ist ein Wort
in diese Richtung gefallen,
keiner hat je was von Trennung gesagt.
Aber Flippa ist ja nicht blöd,
sie hat Augen und Ohren

und Gedanken im Kopf,
die zu schwer
für eine Fünfjährige sind.

»Was hast du denn so gemacht,
während ich weg war?«
»Nichts«, meint Flippa,
»nur ein bisschen gemalt.«
Sie sieht traurig aus.
»War Mama denn nicht hier bei dir?
Oder Papa?«
»Doch«, murmelt sie,
»sie waren sogar beide da.
Aber dann musste Mama weglaufen,
weil Papa ihr so auf die Nerven ging.
Und dann musste auch Papa weglaufen,
weil er sich so über Mama geärgert hat.«
Ich weiß nicht, was ich erwidern soll.
»Ist das Arielle?«, frage ich daher
und deute auf ihre Zeichnung.
Flippa nickt.
»Hat Arielle sich die Haare schwarz gefärbt?«
Sie verdreht die Augen.
»Sie hat sich die Haare *verbrannt,*
Blödi.«
»Unter Wasser?«, frage ich.
»Nein«, ruft Flippa aufgebracht,
»doch nicht unter Wasser,
natürlich hier im Hotel!«

Würde ich ein Los besitzen,
das lebenslanges Glück garantiert,
wäre ich bereit,
es meiner Schwester zu schenken,
anstatt mir selbst
den Gewinn zu holen?

Vielleicht ist der Jackpot meines Lebens ja,
Flippa zur Schwester zu haben.

»Denkt ihr eigentlich
auch nur eine Sekunde lang
mal an Flippa?«,
fauche ich sie an,
noch bevor sie
das Zimmer betreten können,
in dem Flippa gerade
eingeschlafen ist.
»Rauft euch zusammen
oder lasst euch scheiden,
mir egal,
aber Flippa braucht
eine Mutter und einen Vater,
keine zwei
Erziehungsberechtigten
auf dem Papier.«

Ich stürme aus dem Zimmer
und die Tränen
schießen mir in die Augen,
denn natürlich gilt das
nicht nur für Flippa,
sondern ganz genauso
auch für mich.

Wieso glauben bloß
so viele Paare
ineinander
die wahre Liebe
gefunden zu haben,
nur, um ein paar Jahre später
als Feinde
gegeneinander
in den Kampf zu ziehen?

In der Morgendämmerung
erwache ich,
schlüpfe leise
auf den Balkon hinaus
und horche.

Von fern:
Musik,
Gesprächsfetzen,
Automotoren.

Dazwischen:
das Brausen der Flut,
das Atmen des Windes,
das Wachsen der Zypressen.

Mir tut das Herz so weh
und ich weiß nicht mal so recht, warum.

Flippa erwacht
quietschvergnügt,
sie hat von einer Hüpfburg
aus Pudding
geträumt.

Sie reißen sich heute
tatsächlich zusammen.

»Weißt du noch«,
sagt Papa,
und spricht von einer Zeit,
als Mama und er
irgendwelche Abenteuer erlebten.
Mama schaut verträumt
und lacht.

Ich traue der Idylle nicht.
Ein paar schöne Erinnerungen
an bessere Zeiten
retten sie wohl nicht
aus der Misere
im Hier und Jetzt.

Flippa scheint das ähnlich zu sehen.
»Gehen wir?«,
flüstert sie.

Ich nicke –

und wir gehen.

In Flippas Strandbeutel
rumpelt es:
Die Sonnencreme stößt
gegen die Taucherbrille,
das Sandkübelchen
gegen die Jausenbox,
während Flippa zum Strand
hinunterhüpft.

Dieses Rumpeln
und Klackern
gepaart
mit dem Schlappgeräusch
ihrer Flipflops
wird für immer
der Sound
dieses Sommers sein.

Es war einmal,
da liefen zwei und zwei
zum Meer
und auf drei
ließen sich alle vier
mit einem lauten Schrei
ins Wasser fallen.

Aus der nahegelegenen Strandbar
wehen die Hits dieses Sommers
zu uns herüber.

Aber ich habe nur Ohren
für das ruhige Atmen
dicht neben mir.

»Flippa soll noch nicht so lange
in der Sonne bleiben.«
So langsam und umständlich
wie möglich
klaube ich unsere Sachen
zusammen.

»Okay«, sagt er.

Sonst nichts,
einfach nur: Okay.
Und versetzt mir damit einen Stich.
Offenbar macht es ihm
überhaupt nichts aus,
dass wir schon wieder gehen.

Ich vermeide es,
ihn anzusehen,
schultere die gepackte Badetasche
und nehme Flippa an die Hand.

Da springt er plötzlich auf.
»Hat jemand Lust,
ins Café zu gehen?«

Das Leben ist nicht schwarz oder weiß.
Es ist schwarz *und* weiß.

»Wieso fotografierst du
nie Menschen?«,
fragt Salomon.

Ich zucke mit den Schultern.
»Menschen sind unzuverlässig.
Sie kommen und gehen,
wie es ihnen passt.
Besser,
man versucht erst gar nicht,
sie festzuhalten.«

»Darf ich mal?«

Ich reiche ihm die Kamera,
vorsichtig nimmt er sie in seine Hände.
Aber anstatt sie sich vors Auge zu halten,
um ein Foto zu schießen,
hält er sie unter seine Nase,
riecht daran
und streift mit dem Daumen darüber,
als streichelte er ein scheues Tier.

Reglos sitze ich da,
sehe ihm zu
und weiß:
Jetzt ist es endgültig
geschehen
um mich.

Die gute Stimmung
zwischen Papa und Mama
hat sich wieder verflüchtigt.
Schweigend essen wir zu Abend
auf der Hotelterrasse.
Unter uns schlendern Leute vorbei,
sie reden und lachen
und haben ihre besten Urlaubskleider an.
Ich stoße Flippa mit dem Ellenbogen an.
»Hast du,
seit wir hier sind,
schon mal dein Rüschenkleid getragen?«
Flippa schüttelt den Kopf.
»Dann wird es aber
höchste Zeit.«

Flippa und ich gehen heute aus.

Flippa bestellt Cola,
ich ein Glas Wein,
der Kellner scheint das
normal zu finden.

Mit roten Wangen
kosten wir von dem,
was uns normalerweise
verboten ist.

Wenn Mama das wüsste,
würde sie mich
verantwortungslos schimpfen.
Aber wer trägt denn hier
die meiste Verantwortung?

»Prost«, rufe ich
und wir stoßen an.

Auf dem Heimweg
spielen wir Tiere-Raten.
Flippa erfindet
die verrücktesten Arten,
Sonntagswal
und Meeresziege,
und behauptet steif und fest,
dass es die irgendwo
auf dieser Welt gibt.
Ich kichere überdreht,
und als sie plötzlich
»Aisha-Maus!« ruft,
glaube ich zuerst,
das sei Teil des Spiels.

Flippa und Aisha
hopsen und jauchzen,
ich schaue verstohlen zu Salomon.

Der fühlt sich ähnlich unwohl wie ich.

Seine Eltern schütteln mir die Hand,
falls das seine Eltern sind –
die Mutter ja,
aber der Vater?

»Das ist also die berühmte Flippa«,
sagt der Mann und lacht.
»Nur von der großen Schwester
wussten wir noch nichts«,
sagt die Frau.

In ihrer Stimme
liegt dieser besondere Klang,
den nur Mütter ihren Worten
verleihen können,
wenn sie vorgeben,
etwas nicht zu kapieren,
in Wahrheit jedoch
voll und ganz
im Bilde sind.

»A-iiisha und Sa-lo-mon,
A-iiiisha und Sa-lo-mon …«

Flippa singt in einem fort.

»Pssst!«, ermahne ich sie,
bevor wir, pünktlich zur vereinbarten Zeit,
unser Hotel betreten.
Sie verstummt sofort.
»Das bleibt unser Geheimnis, okay?«
»Was denn?«, will sie wissen.
»Cola und Wein.
Und Aisha und Salomon.«
Sie schaut mich verschwörerisch an,
dann tut sie,
als würde sie sich den Mund
mit einem Reißverschluss zuziehen,
und flüstert:
»Großes Schwesternehrenwort.«

Schlaflos
wälze ich mich im Bett herum
und finde keine Ruhe.

Vielleicht hat mir der Wein
den Kopf verdreht.

Oder
die Sehnsucht.

Papa und Mama kommen
nie nachsehen,
ob Flippa und ich
auch tatsächlich schlafen.

Vielleicht,
weil sie mir voll und ganz
vertrauen,
oder
weil sie mit sich selbst
so beschäftigt sind.

Eine der beiden Türen
verbindet unsere Zimmer,
die andere führt hinaus
auf den stillen Gang.

Ich schicke Salomon
eine Nachricht,
und als ich die Straße
hinunterlaufe,
klopft mein Herz so laut,
dass ich Angst habe,
es könnte drinnen im Hotel
meine Eltern wecken.

»Esther«, sage ich.

»Salomon«, sagt er.

Und dann müssen wir beide lachen.

Nie
war die Dunkelheit
schöner

als hier und jetzt
und auf
seiner Haut.

Der Nachtportier wirft mir
einen überraschten Blick zu,
sofort schießt mir
die Hitze in den Kopf.
Für einen Moment
stehe ich wie versteinert,
bis er plötzlich zu lächeln beginnt,
kaum merklich, aber doch.

Erleichtert laufe ich
die Treppen hinauf
und schlüpfe unbemerkt
in mein Bett.

In meinen Träumen fliege ich –
hoch und weit und furchtlos.

Wie praktisch,
dass unser Frühstückstisch
wieder seine eigene Klimaanlage hat,
Mama und Papa machen das grandios.

Ich zeige Flippa,
wie man einen Löffel
mit warmem Atem anhauchen muss,
damit er an der Nase kleben bleibt,
wir kichern völlig überdreht,
bis Papa sagt:
»Jetzt benehmt euch doch!«

Aber mir kann heute Morgen
nichts
die Laune verderben.
»Benehmt *ihr* euch doch«,
sage ich fröhlich
und grinse Flippa an.

Die meiste Zeit
planscht Flippa unbekümmert
im Wasser,
summt vergnügt
Lieder vor sich hin
und baumelt ausgelassen
mit den Beinen.

Nur manchmal,
wenn sie sich unbeobachtet fühlt,
pflügt sie mit ihren Buntstiften
mit solcher Kraft
über das Zeichenpapier,
dass es an mehreren Stellen
durchreißt
und am Ende
statt einer Zeichnung
nur ein kaputter Fetzen
übrig bleibt.

Nackt
stehe ich
vor dem Spiegel
und betrachte
mich.

An manchen Stellen
bleibt mein Blick
länger hängen,
kritischer als sonst.

Nicht nur,
weil sie heller sind
als der Rest
meiner Haut.

Bin ich tatsächlich
in den letzten Tagen schöner geworden?

Wir treffen die beiden am Eisstand.
Salomon lächelt mich an,
aber er bleibt mit ein wenig

Abstand

zu mir.

Meine Hände sind feucht.
Und weil ich nicht weiß,
wohin mit ihnen,
halte ich mich krampfhaft
an meiner Kamera fest.

Gestern Nacht
war gestern Nacht.

Aber heute

ist heute.

Wieso kann man sich
nachts
näher kommen
als bei Tageslicht?

Weil in der Dunkelheit
die Umrisse verschwimmen
und man leichter
ineinanderfällt?

Die Mädchen spielen
ein Stück weit weg,
dick mit Sonnenöl eingerieben.

Ich wage es nicht,
Salomon direkt anzusehen,
also schaue ich auf meine Füße.

Er streckt einen Finger aus
und fährt vorsichtig
meinen Arm hinab,
so leicht, dass er nur
die Härchen streift.

Am Ende hält er kurz inne –

bevor er seine Hand
in meine schiebt.

Heißt vertrauen
zu wagen
man selber zu sein?

»Esther?«

Papa steht plötzlich neben mir.
Keine Ahnung,
wie er uns gefunden hat,
inmitten all des Gewusels am Strand.

»Können wir kurz reden?«

Ich will nicht reden,
trotzdem rutsche ich ein Stück zur Seite,
damit Papa auf meinem Handtuch
Platz nehmen kann.

Er setzt sich
und sucht mit den Augen den Strand ab,
entdeckt die Mädchen
und lächelt kurz.
»Hat Flippa eine Freundin gefunden?«
Ich nicke.

Und ich einen Freund,
könnte ich sagen,
aber natürlich sage ich es nicht.
Stattdessen hoffe ich,
dass Salomon nicht so bald
vom Schwimmen zurückkehren wird.

»Weißt du, Esther«,
beginnt Papa zögerlich,
»Mama und ich ...«

Er bricht ab.

»Du hast recht.
Wir waren egoistisch,
rücksichtslos und dumm.«

»Sind«, murmle ich,
und als er nicht versteht:
»Wir *sind* egoistisch,
rücksichtslos und dumm,
müsstest du sagen.«

Er lacht kurz auf,
aber es klingt traurig.
»Ja.
Und es tut mir so leid.«

Seine Worte kommen so unerwartet,
dass ich nicht gewappnet bin
gegen all die Gefühle,
die sie heraufbeschwören.

Ich beginne zu schluchzen,
mitten auf einem überfüllen Strand.

Papa legt mir
seinen Arm um die Schultern,
er streichelt meinen Rücken
und weiß nicht recht wie.

Ich sehe Salomon
aus dem Wasser kommen,
meine Muskeln verspannen sich.
Papas Hand hält inne,
vermutlich denkt er,
sein Streicheln wäre mir unangenehm.
»Ich geh dann wieder«,
sagt er schnell.

Ich schaue ihm hinterher
und vermisse seine Berührung.

»Hast du geweint?«
Er fragt es ganz vorsichtig.

»Ein bisschen.
Meine Eltern verstehen sich
nicht mehr so gut und ...«

Und das tut weh.

Ich muss es nicht sagen,
er versteht es auch so.
Und nimmt meine Hand in seine.

»Wieso kommt deine Mutter
eigentlich nie mit zum Strand?«

Kurz
wird sein Händedruck
schwächer.

Dann lächelt er.
»Weil sie nicht schwimmen kann.«

Was soll ich Valerie schreiben?

Dass ich verliebt bin,
einen Jungen geküsst habe
und alles irgendwie neu
und groß und aufregend ist?

Oder dass es da jemanden gibt,
demgegenüber ich mich traue,
ganz zu sein,
echt,
ich?

Mir scheint,
die Worte machen alles kaputt.

Schließlich schreibe ich:

Es ist viel schöner hier,
als ich anfangs dachte.

Die Tage
drehen sich
um unsere Schwestern.
Wir helfen Sandburgen zu bauen,
pusten auf Verletzungen,
sammeln Plastikschaufeln ein,
sorgen für genügend Flüssigkeitszufuhr,
blasen Luftmatratzen neu auf,
üben uns als Schwimmtrainer,
cremen Kinderhaut ein
und kaufen Eis,
wenn der Zuckerspiegel sinkt.

Aber:

Die Nächte
gehören
uns allein.

»Auf drei«, sage ich.
»Drei«, sagt er.
Wir lassen gleichzeitig
unsere Handtücher fallen
und laufen los
Richtung Meer,
mit nur ein paar Metern Abstand.
Ich traue mich nicht,
zu ihm hinüberzusehen,
obwohl es nichts gibt,
das ich lieber täte.

»Du zuerst«, sage ich.
Er lacht und fragt:
»Wieso denn ich?«
Dann steigt er doch
als Erster aus dem Wasser
und schlendert seelenruhig
zu seinen Kleidern.
Er weiß genau, was ich will:
Zeit, um in Ruhe
zu schauen.

Als er damit beschäftigt ist,
sich anzuziehen,
komme auch ich aus dem Wasser,
laufe zu meinen Sachen
und wickle mich blitzschnell
in mein Handtuch ein.

Ich weiß, er hat hingesehen.

Die Scham
lässt meine Wangen glühen
und es dauert eine Weile,
bis ich es wage,
ihn wieder anzuschauen.
Aber ein Blick reicht
und ich kenne die Antwort
auf meine unausgesprochene Frage:

Er findet mich schön.
So, wie ich bin.

Haut
Haut
Haut
Haut
Haut

und irgendwo oben
ein runder Mond.

Flippa kriecht zu mir ins Bett.
»Können wir Aisha und Salomon
auch nach dem Urlaub treffen?«
Sie raunt es mir ins Ohr,
ganz geheimnisvoll,
sie hat es nicht vergessen,
ihr Schwesternehrenwort.

»Wie spät ist es?«
»Zweiviertel elf. – Also: Können wir?«

Mühsam öffne ich die Augen
und blinzle ins Licht.
Flippa sieht mich erwartungsvoll an.
Ich seufze.
»Wir wohnen zu weit weg
voneinander.«

Flippa runzelt die Stirn.
»Ich will Aisha aber wiedersehen,
ich will, dass sie uns besuchen kommt.«
»Ich fürchte, das wird nicht gehen.«
»Doch, wird es!«, ruft sie,
und schlägt mit der Faust
auf die Matratze ein.

Ich möchte auch schlagen und schreien und rufen: Ich will!

Mama geht heute
mit Flippa zum Strand,
Papa hat einen Roller gemietet.
»Lust auf einen Ausflug?«,
fragt er mich.

Ich sitze hinten auf,
und als ich meine Arme
um seinen Bauch lege,
ist da ein bisschen mehr Polsterung,
aber sonst fühlt es sich
genauso an
wie früher.

Früher,
als wir noch
eine ganze Familie waren,
und nicht nur
lauter
lose Teile.

Wir sitzen da
und schauen in die Ferne,
auf das Meer,
das jetzt weit unter uns liegt.

Über meinen Fuß
krabbelt ein Käfer,
der Wind spielt
mit meinen Haaren,
es riecht
nach Orangenbäumen.

»Ich wollte deiner Mutter
alles bieten«,
sagt Papa plötzlich,
vertreibt damit
die angenehme Stille zwischen uns.
»Ich dachte, das muss es sein,
was sie glücklich macht.«

Ich sage nichts,
rupfe stattdessen
mit den Zehen einen Grashalm aus.

»Hätte ich sie doch einfach gefragt,
was sie sich wirklich wünscht.«

Ich fühle mich leicht und schwer zugleich,
eng und weit, groß und klein.

Als wir ins Hotel zurückkehren,
sitzen Mama und Flippa beim Abendessen.

»A-iiisha und Sa-lo-mon,
A-iiiisha und Sa-lo-mon …«,
höre ich Flippas Stimme.

Abrupt bleibe ich stehen.

Papa sieht mich fragend an.
»Kopfweh«,
murmle ich und mache kehrt,
bevor er etwas erwidern kann.

Auf dem Zimmer lege ich mich ins Bett
und ziehe mir die Decke über den Kopf.

Zweifelsfrei
hat Mama heute Nachmittag
Bekanntschaft mit den beiden gemacht.
Was habe ich erwartet?
Dass Flippa so tut,
als kenne sie Aisha nicht,
nur, um unser Geheimnis zu wahren?
Sie ist fünf!
Trotzdem dreht sich mir der Magen um,
wenn ich mir vorstelle,
dass Mama und Papa
sich einmischen könnten
in das,
was da ist
zwischen Salomon und mir.

Bin ich
eine Füchsin,
eine Eule,
eine Motte,
ein Vampir?

Irgendwas
Nachtaktives,
jedenfalls.

Lautlos komme ich
aus meinem Bau geschlichen.

Gerade noch
hatte ich das Lärmen
der Zikaden im Ohr.
Aber jetzt, wo seine Hände
sich unter mein Kleid tasten,
höre ich nur noch
gewaltiges Knistern.

»Musst du wirklich gehen?«
Ich nicke.
»Aber ich nehme dich mit.«

Verständnislos sieht er mich an.

»Hier
und hier
und hier«,
sage ich und zeige
auf meine Lippen,
meine Hände,
mein Herz.

Ich laufe den ganzen Weg zurück,
in mir explodiert ein Feuerwerk,
ich will jauchzen,
Räder schlagen,
wild auf etwas trommeln.

Zwischen meinen Schritten
fliege ich,
bis hoch in den Himmel hinauf.
So muss sich
ein Grashüpfer fühlen,
ein Astronaut,
ein Feuerwerkskörper.

So fühlt man sich also,
wenn man glücklich ist.

Je höher der Flug,
desto härter der Aufprall.

Das Zimmer ist hell erleuchtet,
Flippa sitzt aufrecht im Bett,
gebeutelt von heftigen Schluchzern.

Mama stürmt auf mich zu,
ihr Gesicht wutverzerrt,
und kurz glaube ich,
sie verpasst mir gleich einen Schlag.

»Bist du wahnsinnig?«, schreit sie.
»Es ist drei Uhr früh,
wo um alles in der Welt hast du dich
die ganze Nacht herumgetrieben,
während wir dachten,
du liegst in deinem Bett
und schläfst?«

Wo um alles in der Welt
treibt ihr beiden euch eigentlich
den ganzen Tag herum,
während ich mit Flippa
am Strand bin
und mich wie eine Mutter
um sie kümmere?

Flippa klammert sich
hysterisch an mir fest,
Mama lässt unzählige
Vorwürfe und Verbote
auf mich niederprasseln
und Papa schüttelt nur
stumm den Kopf.

Ich verspüre
weder Einsicht
noch Reue.

Ihr könnt mich alle mal.

Am Morgen
ist die Stimmung noch genauso mies
wie ein paar Stunden zuvor.
Mama spricht vom Heimfliegen,
Papa versucht sie zu besänftigen,
aber das macht sie nur noch wütender.

Es regnen abermals
Strafandrohungen auf mich nieder
und Flippa protestiert
gegen jede einzelne davon –
stellvertretend für mich.

Weil ich gar nichts sage.
Einfach nur
stumm
dasitze.

Zieht ruhig an mir.
Zerrt mich da hin,
wo ihr mich haben wollt,
und meine Geheimnisse
brutal ans Licht.

Vielleicht blute ich
ein bisschen,
dann schaut einfach weg.

Macht euch keine
Gedanken darüber,
wie es mir geht,
ihr habt ja
sowieso nur
euer eigenes Drama
im Kopf.

Endlich sind sie alle draußen.

Am liebsten hätten sie mich
hier drinnen eingeschlossen,
aber das geht nicht in einem Hotel.

Es ist angenehm kühl.
Angenehm still.
Ich bin müde, so müde,

so

unendlich

müde.

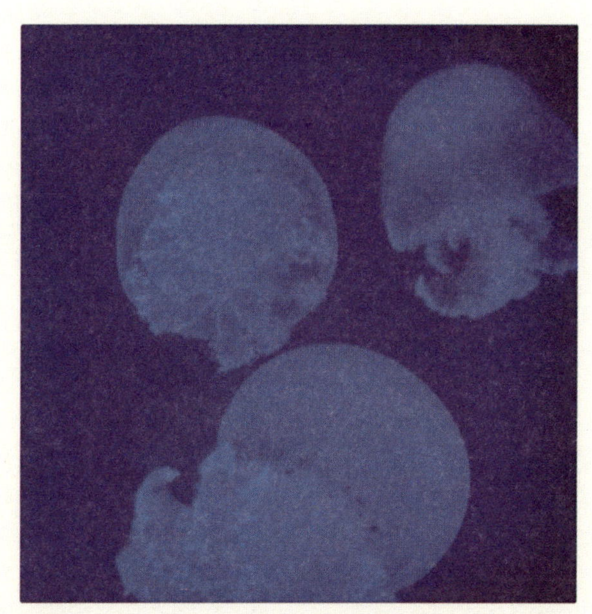

Ich bin weg. Weit, weit weg.
Irgendwo, wo mich niemand finden kann.

Wie lange habe ich geschlafen?

Welches Datum haben wir?

Der Wind hat jedenfalls gedreht.
Papa sitzt auf meiner Bettkante,
er spricht ganz ruhig mit mir.
»Wir haben nicht grundsätzlich
etwas dagegen,
dass du diesen jungen Mann triffst.
Aber nicht mehr
mitten in der Nacht.«

Ich weiß nicht,
was Flippa ihnen erzählt hat,
aber sie muss ganze Arbeit
geleistet haben,
denn einen milderen Verlauf
hätte das alles
kaum nehmen können.

Trotzdem fühle ich mich
irgendwie verraten
und von innen
nach außen
gestülpt.

Flippa und ich
werden mit der Auflage entlassen,
in drei Stunden
wieder zurück im Hotel zu sein.

Flippa fühlt sich
wie meine Aufpasserin,
sie nimmt mich an die Hand
und ich lasse es geschehen.

»Danke«, sage ich,
weil ich finde,
dass ich auch endlich mal
was sagen sollte.

Als wir am Café vorbeikommen,
beschließe ich kurzerhand,
Flippa ein Eis zu spendieren,
von meinem Taschengeld.

»Vanille«, sagt sie.
»Was noch?«, frage ich.
»Erdbeere.«
»Und weiter?«
Sie kriegt große Augen,
ich nicke ihr aufmunternd zu.
»Pistazie«, murmelt sie, fast schüchtern.
»Und als viertes?«
Jetzt sieht sie mich an,
als wäre ich nicht ganz dicht.
Ich zeige auf die knallblaue Sorte.
»Wie wärs mit Schlumpf?«
Strahlend nimmt sie es entgegen,
ihr buntes Rieseneis.

Aber in Wahrheit ist es
nur eine Kleinigkeit
im Vergleich zu dem,
was sie für mich getan hat.

Er streicht
mit der Nasenspitze
meine Augenbraue
gegen den Strich.
»Blöd gelaufen,
vorgestern Nacht.«
Ich lächle.
»Nur der zweite Teil.«

Flippa bleibt heute
dicht an meiner Seite,
anstatt wie sonst
mit Aisha zu spielen.

Vielleicht sitzt ihr der Schock
über mein Verschwinden
immer noch tief in den Knochen.
Hat sie gedacht, ich wäre tot?
Oder weggelaufen
auf Nimmerwiedersehen?

Als Salomon sie anspricht,
antwortet sie nicht.
Ist sie wütend auf ihn?
Hat sie Angst,
er könnte mich ihr wegnehmen?
Denkt sie:
Wenn ich sie ein Mal
alleine zurückgelassen habe,
um statt bei ihr
bei ihm zu sein,
könnte das genauso gut
jederzeit und überall
wieder passieren?

Wir schlendern zurück zum Hotel
und ich sage ihr,
dass ich sie nie-nie-niemals
verlassen werde.
Dass ich fest vorhabe,
sie auch mit hundert noch
täglich zu sehen
und dass wir dann zusammen
unsere Croissants in den Kaffee
tunken werden,
weil uns bis dahin vermutlich
schon ein paar Zähne fehlen,
und dass ich, sollte sie eines Tages
doch in Australien leben
oder in Kamerun,
mir meine Arme so lange
werde wachsen lassen,
bis sie genau dahin reichen,
wo auch immer sie ist.

Du wirst mal ein wunderschöner Schmetterling.
Was heißt wirst – du bist es schon jetzt.

Ich habe begonnen,
die Tage zu zählen.

Ich hasse den Mond.

Weil ich ihn jetzt
ganze alleine
von meinem Balkon aus
ansehen muss.

Und weil er unaufhaltsam
zur Sichel wird.

Am schwierigsten
ist das Lassen

sein L
weg A
frei S
los S
zurück E
gehen N

»Hattest du schon mal
eine Freundin?«
Im selben Moment weiß ich,
dass das ein ganz schlechtes Thema ist.
Er zögert.
Und sofort ist mir klar,
dass ich mich wappnen muss.
Mir einen Panzer überziehen.
»Ja«, sagt er schließlich,
»eine.«
Trotz Panzer erschüttert mich
der Schlag bis ins Mark.

Ich wusste ja,
dass das ein
GANZ
SCHLECHTES
THEMA
ist!

Wir sind auf dem Weg zum Strand,
zu viert,
wie eine richtige Familie,
und Flippa kriegt sich gar nicht mehr ein
vor Glück.

Papa und Mama sind taktvoll genug,
sich ein Stück abseits niederzulassen
und nicht direkt neben
Salomon und mir.

All die Tage waren wir immer
zusammen mit den Mädchen im Wasser,
Schwimmtiere und Kübelchen
mit im Gepäck.

Zum ersten Mal
gehen wir nur zu zweit
und schwimmen so weit hinaus,
bis die Stimmen der Menschen
nicht mehr zu hören sind,
nur noch das Kreischen der Möwen.
Dann lassen wir uns von den Wellen
zurück Richtung Festland treiben.

Ich will, dass das nie aufhört.
Dass es einfach
immer
so bleibt.

»Da gibt es wohl noch ein Paar,
dem die Trennung schwerfallen wird.«
Ich deute auf Aisha und Flippa,
die einander mit Küssen überschütten.
»Wie ich Flippa kenne,
wird sie jeden Tag
ein Bild für deine Schwester malen.«

»Eigentlich ist Aisha
nicht meine richtige Schwester.«
Es klingt wie beiläufig dahingesagt,
aber ich spüre sofort:
Das ist es nicht.

Stumm sehe ich ihn an.
Mir läuft die Zeit weg.
Die Zeit, um ihn zu fragen,
wer er wirklich ist.

Am Wegrand raschelt es,
eine Eidechse huscht vorbei.
Wir sind einfach drauflosgegangen,
ohne Ziel,
bergauf, dann wieder bergab,
es gibt nur uns zwei –

und die rote Erde,
den Geruch von Thymian
und den Geschmack von Feigen
in unserem Mund.

Vielleicht tut uns der Tag einen Gefallen
und schiebt ein paar Extra-Stunden ein.

»Ich kann mir gar nicht vorstellen,
wieder ohne dich zu sein«,
sagt er.

Ich schiebe meine Hand
unter sein Shirt,
wir küssen uns.

Es sprudelt wie Limonade
in mir.

Bis vor Kurzem
wusste ich nicht,
wie sich das anfühlt,
wenn dein Körper
nicht genügend Platz hat
für all die Gefühle,
die in dir sind,
wenn dir die Sehnsucht
aus jeder Pore dringen muss,
weil drinnen einfach
nicht genug Raum für sie ist,
wenn alles überquillt,
weil es zu viel ist –

zu viel vom Glück,
zu viel vom Schmerz.

Papa sagt,
er gibt sich und Mama
noch eine Chance.
Augenblicklich
schöpfe ich Hoffnung,
aber Papa zerstört sie schon
im nächsten Satz:
Vielleicht
könnten Mama und er ja
in Freundschaft
auseinandergehen.

Mama setzt sich auf meine Bettkante,
streicht mir die Haare hinters Ohr
und schaut mich an.

»Meine Große«, sagt sie.

Dann sitzen wir da
und schauen auf unsere Hände.
Ich kratze an meinem Nagellack,
sie spielt mit ihrem Ehering.

Ich sitze vor gepackten Koffern
und kann nicht glauben,
dass ich dieselbe bin
wie vor zwei Wochen.

Ich bin es nicht.

Flippa spürt,
wie traurig ich bin,
und obwohl sie selber traurig ist,
legt sie tröstend ihren Arm um mich.

»Ich hab dich
zwölftausend Farben lieb«,
flüstert sie
und drückt mir
eine Zeichnung in die Hand.

Das Bild zeigt vier Personen –
Aisha, Flippa, Salomon und mich.
Alle haben wir Fischschwänze
und überall schwirren
bunte Herzen herum.

Wenn es jemanden gibt,
den man so sehr mag,
dass man denkt:
es zerreißt mich,
wenn ich mich
trennen muss,

ist das dann Unglück
oder …

... Glück?

Ein letztes Mal
gehört uns
die Dunkelheit,
zumindest bis halb elf.

Vielleicht wäre es leichter,
wenn wir ahnungslos wären,
nicht wüssten,
dass es das letzte Mal ist,
dann wären diese Stunden
nicht so bedeutungsschwer.

Wir laufen einfach durch die Straßen,
an den Strandlokalen vorbei,
kaufen uns eine Flasche Cola
und teilen sie im Gehen.

Die Brandung tost,
kein Stern ist zu sehen.

Der Wind trägt den Geruch
von verbranntem Holz
zu uns her.

Wir könnten
einander in die Arme fallen,
heulen
und uns ewige Liebe schwören.

Tun wir nicht,
stattdessen lehnen wir uns
nur sacht
aneinander an.

Ich nehme meine Kamera,
halte sie hoch

und drücke ab.

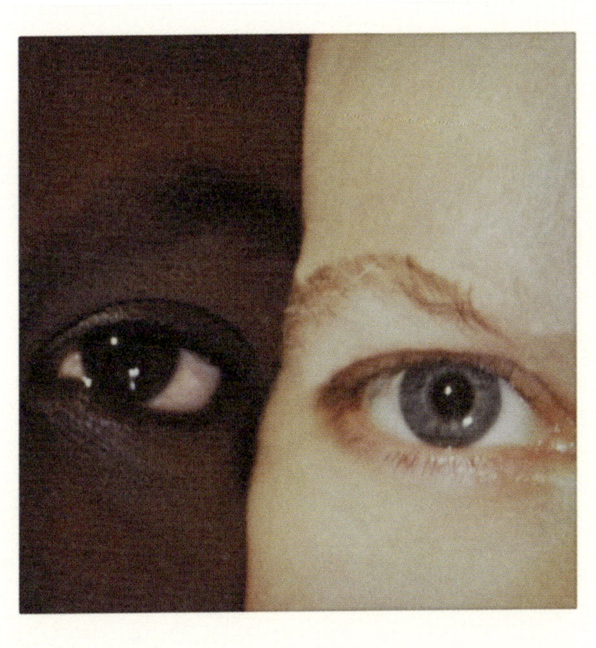

Salomon

Wortlos
lässt sie sich im feuchten Sand
neben mir nieder.
Ich schaffe es nicht,
sie anzusehen,
obwohl die Nacht so schwarz ist,
dass man sich verstecken kann
in ihr.

Sie ist hergekommen,
direkt ans Meer,
vielleicht zum ersten Mal
seit unserem Aufenthalt hier.
Sie ist hergekommen,
weil sie wusste,
dass sie mich hier finden würde.

Da sitzen wir nun
und sagen kein Wort,
und ich bin froh,
dass sie nicht versucht,
mich in den Arm zu nehmen.

»Die schlechte Nachricht ist«,
beginnt sie irgendwann,
»dass Abschiede immer weh tun,
egal, wie alt man ist,
und dass kein Mensch von ihnen
verschont bleibt.«

Wenn sich jemand
mit Abschieden auskennt,
dann sie.

»Die gute Nachricht ist – «

Ein Windstoß reißt
an ihren Ohrringen,
das Brausen der Wellen,
so vertraut in den letzten Wochen,
erscheint mir ganz plötzlich
bedrohlich und fremd.

Ihr Schweigen
liegt groß und dunkel
zwischen uns.

Jetzt bin ich derjenige,
der sie in den Arm nehmen sollte,
aber ich bleibe reglos sitzen.
Die Minuten vergehen,
stumm sehen wir geradeaus.

Schließlich steht sie auf,
streicht mir übers Haar
und küsst mich flüchtig auf die Stirn.
»Ich hab dich lieb, Salo.«

Vielleicht ist das ja
die gute Nachricht,
von der sie gesprochen hat.

Liebe Esther,

tippe ich
und weiß nicht weiter.

Liebe Esther,
liebe Esther,
liebe Esther …

Du bist überall,
in meinen Gedanken,
Träumen,
an allen Orten,
an denen wir
zusammen waren.

Du bist überall.

Nur nicht hier,
bei mir.

Im Nachhinein
frage ich mich,
weshalb ich Esther
verschwiegen habe,
dass meine Mutter und Christoph
hier in der Hotelküche arbeiten,
im Hotel von Christophs Cousin,
der uns als Gegenleistung
ein Zimmer zur Verfügung stellt
und das Buffet mit allem inklusive.

Vor jedem Betreten unseres Zimmers
klopfe ich an die Tür
und warte –
ungefähr so lange,
wie man braucht,
um aus dem Bett zu springen
und in die Kleider zu schlüpfen.
Womöglich
haben Mama und Christoph ja
gerade Pause,
und so frisch verliebt
wie die beiden sind ...

Aisha und ich
gehen weiterhin
jeden Tag zum Strand.

Sie findet andere Kinder
zum Spielen,
ich finde mich damit ab,
einsam zu sein.

Die Tage vergehen damit,
dass ich Esther anrufen will
und es dann doch
nie tue.

Aus Angst,
wir könnten beide stumm
in der Leitung hängen
und nicht wissen,
wie wir mit Worten
die Entfernung überbrücken sollen.

Aus Angst,
sie könnte ausgelassen lachen,
froh, wieder zuhause zu sein,
und ich müsste feststellen,
dass ich nicht länger
zu ihrem Glück gehöre.

Aus Angst,
sie könnte gar nicht drangehen,
weil ich für sie nicht mehr bin
als ein flüchtiger Urlaubsflirt,
nicht mal wichtig genug,
um ein Foto von ihm zu behalten.

Die Tage vergehen damit,
dass ich mich ständig frage,
weshalb eigentlich
sie *mich*
nicht anruft?

Und je länger ich darüber nachdenke,
desto sicherer bin ich:
Meine Befürchtungen
sind wahr.

Am Tag unserer Abreise
überlege ich kurz,
einfach dazubleiben,
Mamas Job im Hotel zu übernehmen
und ein neues Leben zu beginnen.

Aber klar, dass das nicht geht.

Erstens,
weil ich zu jung bin,
um eine richtige Anstellung zu kriegen,
zweitens,
weil ich auf Aisha und meine Mutter
aufpassen muss,
und drittens,
weil ich mich zurück
in mein Zuhause sehne,

in die Dämmrigkeit
unserer kleinen Wohnung,
in der es nach Mamas Essen riecht
und wo man auf dem Fensterbrett kauern
und zeichnen kann,
so gut wie nirgendwo sonst
auf der Welt.

Zum zweiten Mal
in meinem Leben
sitze ich in einem Flugzeug.
Wie schon beim Hinflug
geht mir ständig durch den Kopf,
wie viele Menschen jeden Tag
ganz selbstverständlich
und ungehindert
in so einen Flieger steigen,
ihren Sitzplatz einnehmen
und auf komfortabelstem Weg
und ganz legal
die Grenzen zwischen Ländern
oder gar Kontinenten
passieren,
während man ihnen Kaffee
und einen Snack serviert
und sie über die Temperaturen
im Ankunftsland informiert.

Aisha schläft.
Sie hat den Kopf
in meinen Schoß gelegt,
mit leicht geöffneten Lippen
atmet sie aus und ein.

Und wie so oft
in solch stillen Momenten
wünschte ich,
ich könnte für sie
die Vergangenheit
reparieren.

ZUHAUSE ?.

Zuhause.

Wo ist das?
Was ist das?

Sind das die Straßen,
durch die du dich
ganz selbstverständlich
bewegst?
Das eigene Bett?
Die täglichen Routinen?

Sind das
die Menschen,
die du liebst?

Aber was,
wenn sie fern sind,
weit weg von dir?

Oder ist zuhause
irgendwo innen,
tragbar,
mitnehmbar,

überallhin?

Mama und Christoph
gönnen sich
nach ihrem vierwöchigen
intensiven Zusammensein
ein paar Tage Abstand.

Mama summt vor sich hin,
sie wirkt zufrieden
und auf ungewohnte Weise ruhig –
nicht ratlos-ruhig,
nicht traurig-ruhig,
nicht schicksalsergeben.

Sie wirkt,
als hätte sich in ihr
ein jahrelanger Sturm gelegt.

Sie wirkt,
als wäre die Zeit gekommen,
um nach der Verwüstung
mit dem Wiederaufbau
zu beginnen.

Ich vermute,
Mama ist mehr
als nur verliebt
in Christoph.

Ich vermute,
sie ist bereit,
ihm einen festen Platz
in ihrem Leben
einzuräumen.

Und auch Aisha
hat ihm längst
ihr Herz geschenkt.

Offenbar bin ich hier
der einzige,
der die Notbremse
ziehen will.

Es hat sich nicht viel verändert:

Luka und ich
sitzen nebeneinander,
wie schon all die Jahre davor,
Nikis Haare
leuchten wie gewohnt
in knalligem Türkis,
Emma und Sophie
schmachten immer noch
unseren Musiklehrer an,
Almir lässt uns
wie üblich
die Hausaufgaben abschreiben

und wir alle stöhnen
unter den Anforderungen,
die jetzt, in der Oberstufe,
noch höher sind,
stöhnen,
weil jeder Lehrer glaubt,
sein Fach wäre das wichtigste,
brauchbar fürs ganze Leben,
stöhnen und fragen uns,
wo da noch Zeit bleiben soll,
um nachmittags irgendwo abzuhängen
und auf die Schule
zu schimpfen.

Und doch ist manches neu:

Unter den Shirts der Mädchen
wölbt es sich stärker,
die Stimmen der Buben
brechen nicht mehr.

Und wenn Jolanda den Raum betritt,
bleibt mir nicht mehr
die Luft weg.
Ich kann sie ansehen,
ohne schnell wieder
wegzuschauen.

Jolanda und ich
waren vier Monate zusammen,
dann hat sie aus heiterem Himmel
mit mir Schluss gemacht.
Ich weiß bis heute nicht,
woran es lag.
Vielleicht daran,
dass ich ihr zu langweilig war
oder zu wenig Geld hatte,
um sie ins Kino einzuladen.
Vielleicht mochte sie auch einfach
die Musik nicht,
die mir gefiel,
oder die Art,
wie ich küsste.

Ich würde sie
in ihrer Weiterentwicklung behindern,
meinte sie am Ende.
Ich schätze,
dieser blödsinnige Satz
stammte aus einem Film,
den sie im Kino gesehen hatte –
vielleicht mit einem Anderen,
mit dem sie plötzlich lieber
händchenhalten wollte
als mit mir.

18. SEPTEMBER

LIEBE ESTHER,

ICH SCHREIBE DIR DIESEN BRIEF, WEIL

19. SEPTEMBER

LIEBE ESTHER,

WAS ICH DIR SAGEN WOLLTE:

Wo
zum allmächtigen
Duden
sind die Worte,
wenn man sie
am dringendsten
braucht?

23. SEPTEMBER

HEY ESTHER,

WIE GEHT ES DIR?

HEUTE IST DER 23. SEPTEMBER,
UND WENN MEINE INFORMATIONEN STIMMEN,
IST DAS DEIN FÜNFZEHNTER GEBURTSTAG.
HERZLICHEN GLÜCKWUNSCH!

(MEINE INFORMANTIN WAR ÜBRIGENS FLIPPA.
ICH HAB SIE EINMAL HEIMLICH DANACH GEFRAGT
UND SIE WUSSTE ZWAR DAS DATUM NICHT,
ABER ZUMINDEST, DASS DU ZU HERBSTBEGINN
GEBURTSTAG HAST.)

UND, LIEGE ICH RICHTIG?

ICH DACHTE, ICH SCHICKE DIR EINEN GOOD OLD LETTER.
WENN DU ALTE KAMERAS MAGST,
DANN VIELLEICHT JA AUCH ECHTE BRIEFE?
ICH MUSSTE MIR EXTRA EIN KUVERT
VON UNSERER SCHULBIBLIOTHEKARIN SCHNORREN.

VIELLEICHT FRAGST DU DICH,
WOHER ICH DEINE GENAUE ADRESSE KENNE?
DIE ANTWORT IST GANZ UNSPEKTAKULÄR:
AUS DEM INTERNET.
(ZUM GLÜCK SEID IHR DIE EINZIGE
FAMILIE „SOMMER" IM ORT.)

ICH WEIß, ES WÄRE STILVOLLER GEWESEN,
EINEN HEROLD ZU SCHICKEN,
DER MIR DIE KUNDE
VON DEINEM AUFENTHALTSORT BRINGT ☺

(HEY, DARF MAN IN BRIEFEN
ÜBERHAUPT EMOTICONS VERWENDEN?)

DAS SANDBURGENBAUEN HAT NICHT MAL MEHR
HALB SO VIEL SPAß GEMACHT,
NACHDEM DU UND FLIPPA WEG WART.

AISHA GEHT SEIT DREI WOCHEN IN DIE SCHULE.
SIE SPRICHT NOCH OFT VON FLIPPA.

TJA DANN, LIEBE ESTHER,
LEBE HOCH, HOCH, HOCH!

SALOMON

Mitten in der Nacht
wache ich auf.
Die Zeilen,
die ich an Esther geschrieben habe,
laufen in dicken, fetten Lettern
wie auf einem Leuchtband
durch mein Hirn.

Ich habe den Brief so oft durchgelesen,
dass ich ihn beinahe auswendig kann,
und plötzlich weiß ich,
was das Problem daran ist:

Der Graben
zwischen dem,
was ich geschrieben habe,
und dem,
was ich eigentlich
gerne gesagt hätte,
ist unendlich tief.

24. SEPTEMBER

LIEBE ESTHER,

VIELLEICHT HÄLTST DU MICH FÜR VERRÜCKT,
WEIL ICH EINEN TAG SPÄTER
SCHON DEN NÄCHSTEN BRIEF AN DICH LOSSCHICKE.
ES IST NUR SO, DASS ICH DIR
NOCH ETWAS WICHTIGES SAGEN WOLLTE,
DAS ICH GESTERN IRGENDWIE VERGESSEN HABE.
(ES KÖNNTE AUCH SEIN, DASS ICH ZU FEIGE WAR ...)

ALSO:

DU FEHLST MIR, ESTHER.
SEHR SOGAR.
ICH KÖNNTE VERRÜCKT WERDEN,
SO STARK VERMISSE ICH DICH.

ICH HABE UNSER FOTO ABGEZEICHNET,
WEIL ICH ES SCHÖN FÄNDE,
WENN DU DIE ERINNERUNG AN UNS BEIDE
AUCH BEHALTEN KANNST.
SOFERN DU DAS ÜBERHAUPT WILLST.

DEIN SALOMON

PS:
Wer ist das überhaupt,
dieser Salomon,
der sich wünscht,
er wäre nicht irgendeiner,
sondern deiner?

Ich wünschte,
ich könnte ihr sagen,
wer ich wirklich bin.
Ich wünschte,
ich könnte ihr erklären,
dass ein Teil von mir
immer dieser Sechsjährige
bleiben wird,
der mitanhören muss,
wie sein Vater
von einer Gewehrsalve
durchlöchert wird.

Ich weiß nicht,
welches Geräusch
mich am öftesten
bis in meine Träume verfolgt hat:

das Knallen der Schüsse,
völlig unerwartet,
wie aus dem Nichts,

die Stille danach,
bis zum Rand gefüllt
mit Unfassbarkeit,
sodass kein Raum blieb für die Angst,
womöglich
der nächste zu sein,

oder der Schrei
meiner Mutter,
als sie ins Haus gestürmt kam –
so qualvoll und durchdringend
und mit nichts zu vergleichen,
das ich jemals zuvor gehört hatte
und nie wieder
danach.

Stumm
kauerte ich in meinem Versteck,
wagte mich nicht zu bewegen
und erst recht nicht
hinzuschauen.

Schließlich tat ich es doch.

Der Körper meiner Mutter
verdeckte den seinen
ganz und gar,
als wäre sie extra
gewachsen,
in die Länge und Breite,
um mir den Blick
auf meinen zerfetzten Vater
zu ersparen.

Was dann kam,
erlebte ich irgendwie
nur halb,
als hätte man mir
eine schmutzige Brille aufgesetzt,
durch die man die Welt
nur verschwommen sieht.

Wir gingen zu Verwandten
und von dort weiter zu Freunden.
Dann zu Bekannten
und später irgendwohin,
wo nur noch Fremde um uns waren.
Wir saßen in Bussen,
auf den Ladeflächen von Pick-ups
und nachts auf Motorrädern
ohne Licht.
Wir schliefen
auf dem nackten Boden,
in Tierställen oder Häuserruinen,
und über allem vergaß ich,
dass es einmal anders
gewesen war.

Dass ich eine Mutter
und einen Vater gehabt hatte
und ein Zuhause mit einem Bett.
Dass ich zur Schule gegangen war
und nachmittags mit meinen Freunden
auf den staubigen Fußballplatz
zum Kicken.
Dass mir meine Großmutter
das Lesen beigebracht hatte
und mein Großvater
das Feilschen am Markt.

Wir brüten zusammen
über den Matheaufgaben,
auf dem riesigen Schreibtisch
von Luka.

Er hat so viel Platz
in seinem Zimmer,
er könnte noch zusätzlich
eine ganze Basketballmannschaft
hier einquartieren.

Aber wäre hier
eine Mannschaft einquartiert,
hätten wir was
tausendmal Besseres zu tun,
als Hausaufgaben zu schreiben,
und würden in hundert Jahren
nicht fertig damit.

Hin und wieder
beneide ich Luka
um alles,
was er sich einfach so kaufen kann:

die angesagtesten Schuhe
und neuesten Handys,
die Konzerttickets
und Computergames,
den Kaffee aus dem Schulautomaten
und die Falafelwraps nach dem Basketball.

Aber meistens
bin ich einfach nur froh,
einen Freund wie ihn zu haben.
Er lässt nie raushängen,
wie viel Geld er in der Tasche hat,
und wenn wir zusammen unterwegs sind,
übernimmt er
ganz selbstverständlich
die Rechnung
für mich.

»Im Urlaub hatte ich
eine Freundin«,
sage ich zwischen zwei Textbeispielen,
weil ich es nicht länger
für mich behalten kann.

Luka schaut auf und grinst.
»Glückspilz«, sagt er,
und ich weiß,
er neidet mir dieses Glück nicht,
obwohl er selbst noch nie
eine Freundin hatte.
»Und war sie scharf?«

Empfände es Esther
als Kompliment
oder als Beleidigung,
von jemandem als »scharf«
bezeichnet zu werden?

Vielleicht würde sie
die Stirn in Falten ziehen
und sagen:
»Scharf sind höchstens
Senf und Chili.«

klug
schön
wunderbar
witzig
einfallsreich
außergewöhnlich
und eindeutig
viel zu weit
weg

Das Erstaunliche
an Esthers Augen ist,
dass ihre Iris
mindestens fünf
verschiedene Farben hat.

Ich bräuchte
ganz eigene Buntstifte,
eine Palette »Esther exklusiv«:

dämmerungsblau
seeigelskelettgrün
strandcafémarkisentürkis
streunerkatzenstaubgrau
waffeleistütenocker

Christoph ist Koch,
ein richtig guter,
zumindest behaupten das alle,
die manchmal bei uns zum Essen sind:
Luka,
Mamas Freundin Greta
und Paul und Gottfried von nebenan.

Davor haben immer alle
Mamas Kochkünste gelobt,
und Mama war es wichtig,
nach den Traditionen
unserer Heimat zu kochen,
allen Veränderungen zum Trotz.

Aber in letzter Zeit überlässt sie
die Küche immer öfter Christoph,
was bedeutet,
dass es hier nicht mehr so oft
nach Früher riecht.
Nach dieser anderen Zeit,
die mir manchmal
so weit weg erscheint,
als hätte es sie gar nie gegeben,
und mir dann wieder
so klar und scharfkantig
im Traum begegnet,
dass ich beim Erwachen glaube,
noch mittendrin zu sein.

Ich zeichne,
um nicht zu vergessen.
Damit mir nie mehr
passieren kann,
was mir ein Mal
passiert ist,
ein entscheidendes Mal:
dass mir ein Gesicht
verloren geht.
Ich habe es nirgendwo,
nicht in meinem Skizzenbuch,
nicht auf einem Foto,
nicht mehr im Gedächtnis.

Das Gesicht meines Vaters.

In den letzten Jahren
war meine Mutter
Zeitungsverkäuferin,
Tellerwäscherin,
Putzfrau,
Flyerverteilerin,
Regaleinschlichterin
und Testperson
für neue Medikamente.

Früher mal
war meine Mutter
Lehrerin an der Oberschule.

Aisha streift um mich herum
wie eine Katze
um die Beine ihres Besitzers.
»Liest du mir was vor?«,
bittet sie.

Vor mir türmen sich Hausaufgaben
und später treffe ich mich noch
mit Luka im Käfig zum Basketball.

»Du kannst doch schon lesen«,
sage ich.
»Aber nicht so gut wie du!«
Sie sieht mich treuherzig an.
»Von mir aus«, seufze ich.

Wir schmeißen uns auf ihr Bett,
hinein in die abgewetzten bunten Kissen
mit den Pailletten und Stickereien,
die längst schäbig geworden sind.
Doch wie alt und verschlissen
sie auch sein mögen,
Aisha thront darin
wie eine Prinzessin
aus dem Morgenland.

Ich bin vierzehn und teile mir
ein enges Zimmer
und ein Stockbett
mit meiner kleinen Schwester.
Wenn ich das anderen erzähle,
sagen die fast immer:
Wie hältst du das nur aus?

Ziemlich einfach
halte ich das aus,
um ehrlich zu sein.
Klar gibts Schöneres,
aber auch tausendmal
Schlimmeres.

Am schlimmsten ist der Sand.

Der Wüstenwind
treibt ihn mir ins Gesicht,
er sticht wie Nadeln in meine Haut.
Ich presse die Lider zusammen,
aber die winzigen Körner
brennen so höllisch,
dass ich weinen muss.

Der Sand ist überall,
in meinen Ohren,
in meinen Augen,
in meiner Nase,
zwischen meinen Zähnen,
sogar in der Poritze spüre ich ihn.

Als ich einen Schluck vom Wasser nehme,
kratzen mich die Körner im Hals
und ich muss so heftig husten,
dass ich glaube,
gleich zu ersticken.
Ich würge und spucke und schluchze.
Mama hält mich in ihren Armen,
aber sie kann mir nichts vorsingen,
sie hat die Lippen fest verschlossen.

Der Wagen rast durch die Wüste,
die Sandpiste ist holprig,

bei jedem Schlagloch
knallen wir
gegen etwas Hartes
oder gegeneinander,
und irgendwann
weiß ich nicht mehr,
wo oben und unten ist.

Keine Ahnung,
wie viele Personen sich hier drängen
auf diesem klapprigen Pritschenwagen.
Manche ringen nach Atem,
andere stöhnen.
Es gibt viele Verletzungen.

Am schlimmsten ist der Sand,
denke ich.

Aber der Sand ist erst
der Anfang.

Als wir Pause machen,
werden wir vom Wagen getrieben.
Die Sonne brennt vom Himmel,
aber es gibt hier keinen Fleck Schatten,
in den man sich flüchten kann.

Ein Stück weiter weg
ragt ein Hügel auf
und als ich genauer hinsehe,
erkenne ich,
dass es ein Pritschenwagen ist
wie unserer,
fast vollständig begraben
vom Sand.

Nachts
gibt es wieder einen Stopp.

Der Fahrer trägt eine Waffe,
er hält die Hand auf
und verlangt mehr Geld.

Wir schlafen auf dem Boden,
es ist bitterkalt
und ich weiß nicht,
wie ich liegen soll,
alles tut weh,
meine Haut ist offen und wund.

Irgendwo hinter uns,
in der Dunkelheit,
wimmert eine Frau.

Mama drückt mich so fest an sich,
dass ich kaum Luft bekomme.
Ich glaube,
am liebsten würde sie mich
zurück in ihren Bauch stopfen,
damit ich nichts
von alldem
erleben muss.

Als wir endlich ankamen,
fehlte einer.

Es hieß,
er wäre ohnmächtig geworden
und vom Wagen gefallen.
Die es gesehen hatten,
hätten geschrien,
aber der Fahrer hätte nicht einmal
kurz
das Tempo verringert.

Wenig später
stieß eine Frau zu uns,
auf ihrem Rücken ein Baby,
an ihrer Hand ein kleiner Bub.

Wir freundeten uns an,
Mama sich mit Halima,
ich mich mit Momodou.

Von da an teilten wir
Wasser und Essen,
Hunger und Kälte
und kleine Kieselsteine
zum Spielen.

Ich wusste,
dass wir warteten,
ich wusste nur nicht genau,
worauf.

Vielleicht darauf,
dass jemand kommen und sagen würde:
Ich bringe euch nach Hause,
ihr seid dort jetzt sicher,
die Männer mit den Waffen
gibt es nicht mehr.

Ich konnte es nicht erwarten
zurückzukehren.

Ich sehe es auf den ersten Blick:
das Kuvert,
das sich strahlend gelb
vom Grau meines Bettbezugs
abhebt.
Mein Herz macht einen Sprung
und das ist nicht nur ein blöder Spruch,
das fühlt sich wirklich so an.

Mama muss den Brief da hingelegt haben,
den ersten Brief,
den ich je im Leben gekriegt habe.
Obwohl ich ihn am liebsten
sofort aufreißen würde,
widerstehe ich dem Drang,
stecke ihn mir hinten in die Hosentasche
und laufe gleich wieder aus dem Haus.

Draußen
steige ich in die nächstbeste Straßenbahn,
fahre bis zur Endstation
und setze mich dort ins Gras.
Dann öffne ich den Brief
so vorsichtig,
dass das Kuvert beinahe unversehrt bleibt,
fast so, als wäre die Hülle
ebenso kostbar
wie der eigentliche Schatz.

Als ich vom Lesen aufschaue,
einem Spaziergänger direkt ins Gesicht,
fällt mir zuerst auf,
wie breit ich offenbar grinse
(er lächelt ein wenig irritiert zurück),
und dann,
dass die Farben der Blätter
plötzlich zehnmal mehr leuchten
als gerade eben noch.

Ich will in einen Laubhaufen springen,
will jubilieren und tirilieren
und all das machen,
was sonst nur verrückte Vögel
in Frühlingskinderliedern tun.

Mit dem Brief in der Tasche
rumple ich
in einer der ganz alten Straßenbahnen
langsam und träge
zurück in die Stadt
und fühle mich dabei,
als würde ich auf einer Sänfte getragen –
wie ein König,
so erhaben und reich.

Wäre Zuhause ein Geruch,
dann wäre es Aishas Haar
(Kakaobutter mit Vanille).

Wäre Glück ein Geruch,
dann wäre es Esthers Haut
(Sonnencreme und ganz viel Esther).

Liebe Esther Sommer,

tippe ich

wie riechst du eigentlich
im Herbst?

Liebe Esther,
wenn du wüsstest,
wie viel mehr
ich dir sagen will
als das, was ich dir
dann tatsächlich sage.
Wenn du wüsstest,
wie eng mir mein Körper ist,
seit wir uns begegnet sind,
ich will mich ständig
nur häuten,
ein paar Schichten Sehnsucht
abstreifen,
denn es kommen immer
neue nach,
bald muss ich platzen,
explodieren,
bald muss ich mit dem Kopf
gegen eine Wand laufen,
das alles bliebe mir erspart,
könnten wir uns nur
wiedersehen.

Nach Nebel,
Laub
und Sehnsucht

kommt Tage später
endlich
eine Antwort
von ihr.

Nachts
träume ich
so intensiv
von Esther,
keine VR-Brille
könnte das
toppen.

Aisha ist so glücklich
über die Zeichnung,
die Flippa für sie mitgeschickt hat,
dass sie sich sofort daran macht,
auch ein Bild für Flippa zu malen.

Es zeigt
Bäume mit bunten Blättern,
Wolken und Vögel –
und zwei kleine Mädchen,
Hand in Hand.

Auf die Rückseite schreibt sie:

Liebe FLiPPa!
Ich samle file
Kastanien. Bald ist
Wider der Maronibrater
~~b~~da. Darauf freue ich
Mich weil Maronis
Schmeken Mir sogut.
Ich Vermise dich soser.
Inder Schule istes Schön
und das Wetter istauch
gut. Wann komst du Mich
besuchen? Bite bring
auch Esta mit für
Salomon. Deine Aisha

So einfach
ist es also,
einer anderen Person zu sagen,
dass man sie vermisst
und sich inniglich wünscht,
sie wiederzusehen.

So einfach
könnte es sein,
wäre man nicht vierzehn
und bis zum Verrücktwerden
verliebt
und müsste man
die Heftigkeit der Gefühle
nicht ständig
herunterspielen
aus Furcht,
die andere Person
könnte sie nicht
in gleicher Weise
erwidern.

Wie so oft
nehme ich das Telefon zur Hand
und scrolle zu Esthers Nummer.
Eine Berührung mit dem Daumen
würde reichen,
um die Verbindung aufzubauen,
nach der ich mich so sehr sehne.

Doch wie so oft
lasse ich das Telefon wieder sinken.

Es ist nicht so,
dass Esther mich nicht gefragt hätte,
das hat sie sehr wohl.
Immer wieder,
andeutungsweise,
nur eben nie direkt.

Und jedes Mal
bin ich ausgewichen
und habe so getan,
als hätte ich nicht kapiert,
was sie eigentlich von mir wissen will.

Nicht,
weil ich ihr nicht vertraut hätte.

Nur weil ...

Wie erzählt man
von Dingen,
für die es keine
Worte gibt?

Nacht, ein Boot.
Die Enge,
die mich zu erdrücken droht,
und eine gespenstische Stille.

Wie oft ist es hell
und wieder dunkel geworden,
seit wir hier treiben,
auf dem offenen Meer?

Ein Mal am Tag
gibt es eine Handvoll Reis,
zwei Mal
ein paar Schlucke Wasser.

Erbrochenes klebt auf mir,
eigenes und fremdes,
der Wellengang hebt uns
den Magen aus.

Man kann sich kaum bewegen,
meine Waden krampfen,
tagsüber brennt die Sonne,
nachts ist mir bitterkalt.

Ich kann nicht aufstehen,
also mache ich in die Hose,
viel ist es eh nicht
und für den Moment wird mir warm.

Neben mir meine Mutter,
schaut mit müdem Blick ins Nichts.
Sie hält Halimas Baby –
winzig noch, Aisha.

Ich bin schon groß, schon sieben,
mich muss Mama nicht mehr
in die Arme nehmen.
Doch genau dorthin wünsche ich mich.

Vor uns kauert Halima,
sie kauert bei Momodou,
er hat sich seit Tagen
nicht mehr gerührt.

An Land haben wir noch
zusammen mit Steinchen gespielt,
jetzt bedeckt ihn ein Tuch
und Halimas Blick macht mir Angst.

Auf einmal rappelt sie sich hoch,
stolpert über die Beine der anderen.
Den kleinen Körper an sich gedrückt
macht sie drei Schritte zur Reling.

Es dauert nur ein paar Sekunden,
dann hat die Schwärze
die beiden verschluckt,
was folgt, ist ein dumpfes Klatschen.

Mama schreit auf.
Einer hat noch versucht, sie zu halten,
aber es ging zu schnell,
die Schwärze ist ein gefräßiges Tier.

Nacht, ein Boot.
Die Enge,
die mich zu erdrückten droht,
und eine gespenstische Stille.

Und dann,
irgendwann –

ein Schiff.

Als ich dran bin,
drehe ich mich zu Mama um,
sie hält Aisha im Arm
und nickt.

Meine Beine zittern,
die Strickleiter schwankt.

Je höher ich klettere,
desto weiter geht es
unter mir

in die Tiefe.

Ich kann nicht schwimmen.

Plötzlich
muss ich an meine Großmutter denken.
An ihre Hände,
die nach Bananen und Erdnüssen riechen
und manchmal nach gebratenem Fisch.
Diese vertrauten Hände,
denen ich so oft beim Kochen zugesehen habe
oder dabei,
wie sie meinen älteren Cousinen
Cornrows flechten,
in fließenden
und immer gleichen
Bewegungen

in fließenden
und immer gleichen
Bewegungen

und immer

gleichen

Bewegungen

Man reicht uns
die Hand
und Wasser in Flaschen.

Es gibt knisternde Decken
aus Gold.

Es scheint,
als würden wir einander
zum ersten Mal wirklich sehen,
hier, auf dem großen Schiff.

Beim Warten vor den Toiletten
nicken wir uns zu,
wir essen
und singen
zusammen.

Außer mir
sind noch andere Kinder da,
und das Lachen ist so plötzlich zurück,
wie es vor Monaten verschwunden ist.

Ein paar Tage lang scheint alles gut.

Dann gehen wir von Bord.

17. NOVEMBER,

LIEBE ESTHER,

IST ES BEI DIR,
WENN DU MORGENS ZUR SCHULE MUSST,
DRAUSSEN AUCH NOCH STOCKDUNKEL?
DER NÄCHSTE SOMMER
ERSCHEINT MIR SO WEIT WEG,
DER VERGANGENE NOCH SO NAH.
BRIEFE SCHREIBEN IST SCHÖN,
ABER ES IST NICHT DASSELBE WIE
DICH SEHEN
UND RIECHEN
UND SPÜREN KÖNNEN.
DU BIST SO FERN
UND ICH WÜNSCHE MICH
SO SEHR ZU DIR.
WAS SOLL ICH NUR MACHEN?

DEIN SALOMON

Was für ein
idiotischer Brief.

Ich trage ihn trotzdem zur Post
und als ihn die Frau am Schalter
abstempelt,
werde ich rot,
als hätte sie den Röntgenblick
und könnte genau erkennen,
was sich in diesem Kuvert versteckt:
der Brief
eines liebeskranken Idioten.

Am liebsten sind mir
die Momente des Zwielichts –
morgens,
wenn es noch nicht
richtig Tag werden will,
und abends,
wenn langsam
die Nacht kommt.
Das sind die Momente
des Dazwischen.
Alles kann,
aber nichts muss sein,
nichts muss,
aber alles kann werden.
Das Leben bleibt vage,
es legt sich nicht fest.

Mama nippt an ihrer Tasse
und schaut zum Fenster hinaus.
Verschlafen setze ich mich
zu ihr an den Tisch,
sie lächelt mich an
und schiebt mir die Tasse zu.

Ich nehme einen Schluck
vom heißen Tee.
Der Kühlschrank brummt,
die Nebelschwaden hängen tief,
vor dem Fenster seilt sich
eine Spinne an ihrem Faden ab.

Aisha kommt aus dem Zimmer,
reibt sich die Augen
und klettert auf Mamas Schoß.
Ihre Haare stehen in alle Richtungen,
Mama küsst sie in den Nacken.
Ich schiebe ihr die Tasse hin.

Aisha zieht sie ganz zu sich,
legt vorsichtig die Lippen an,
trinkt und stellt sie wieder ab.
Sie legt die Hände drumherum
und wärmt sich ihre Finger,
ein wohliger Schauer schüttelt sie.

Das sind wir.
An einem stillen Sonntagmorgen.

Der Montag ist
jedes Mal
der kälteste Tag
der Woche.
Beim Aufwachen
sind die Gelenke
besonders steif
und in der Schule
braucht das Hirn
doppelt so lange
wie an anderen Tagen,
bis es sich endlich
warmgedacht hat.

Ein Schlüssel
wird im Schloss gedreht
und im nächsten Moment
steht Christoph vor mir.
»Salomon!«, sagt er
und klingt erfreut.

Keine Ahnung,
seit wann er hier
selbstständig
ein und aus geht.

Gerade
wollte ich es mir gemütlich machen
auf dem Fensterbrett,
mit Block und Bleistift,
in aller Ruhe,
solange noch niemand
zuhause ist
außer mir.

Aber nun drehe ich um
und verziehe mich wieder
ins Kinderzimmer.

Ob ich Hunger habe?,
ruft Christoph mir hinterher.
(»Nicht wirklich.«)
Hilfe bei den Hausaufgaben brauche?
(»Geht schon.«)
Oder am Wochenende
mit ihm eine Wanderung machen wolle?
(»Schon was mit Luka ausgemacht.«)

Auf seine Vater-Masche
kann ich verzichten.

Wieso hat Christoph
in nur ein paar Monaten
geschafft,
was mir in vielen Jahren
nicht gelungen ist?
Meine Mutter zurückzuholen,
die Mutter,
die ich von früher kenne,
die summt
und singt
und nachts ruhig schläft,
ganz ohne verzweifeltes Wimmern.

Ich bringe Aisha ins Bett.
Sie liegt in meinem Arm
und wir sehen nach oben,
zu den kleinen Sternen,
die sie mit wasserfestem Stift
auf meinen Lattenrost
gezeichnet hat.

»Du, Salomon«,
sagt sie plötzlich
in die Stille hinein,
»träumst du manchmal
von Esther?«

Ich zögere.
Dann nicke ich.

»Willst du wissen,
wovon *ich* manchmal träume?
Von meiner anderen
Mama
und meinem anderen
Bruder,
die auf dem Meeresgrund
schlafen.«

Mama hat mir
einen Sack mit Kleidung
ins Zimmer gestellt.
Meine Shirts und Pullis
sind mir in den letzten Monaten
zu kurz geworden.
Die Sachen sind vom Flohmarkt,
aber das ist okay.
Mama bemüht sich auch immer,
mir etwas Besonderes mitzubringen,
mal ein Fußballtrikot,
mal einen Marken-Hoodie –
die Leute geben sowas einfach weg.

Manche aus meiner Klasse
klauen hin und wieder was
und sagen dann:
Komm schon, sei kein Feigling.
Aber wenn du in einem Land lebst,
dessen Pass du nicht besitzt,
bedeutet erwischt zu werden
nicht einfach, erwischt zu werden.

Nicht das coolste Teil der Welt
könnte mich jemals
in Versuchung führen.

»Danke für die Sachen«, sage ich
und Mama lächelt und nickt.
Sie hat ihre Fingernägel lackiert
und trägt ein neues Tuch im Haar,
es sieht zu edel aus,
um vom Flohmarkt zu sein.
»Ein Geschenk«, erklärt sie,
als sie meinen Blick bemerkt.
Schon wieder ein Geschenk
von Christoph,
denke ich
und der Gedanke fühlt sich
kratzig an
wie Schleifpapier.

»Salomon?«
»Mhm?«
»Liebst du Esther?«
»Ich weiß nicht. Vielleicht.«
»Wie, *vielleicht*?
Wie kann man jemanden
vielleicht lieben?«
»Keine Ahnung.«
»Ts ts ts.
Also liebst du sie.«

Wir sitzen in der Küche,
draußen dämmert es schon,
und das Licht der kleinen Lampe
wirft wohlige Wärme in den Raum.

Mama flicht Aisha die Haare,
Aisha singt leise ein Lied vor sich hin
und ich kauere auf dem Fensterbrett
und möchte nichts lieber,
als den Moment einfangen,
ihn festhalten und daran hindern,
dass er entschlüpfen kann.

Aber anstatt auch nur zu versuchen,
ihn auf Papier zu bannen,
schreibe ich ihn mir lieber
ganz tief in mein Herz.

In letzter Zeit
ist mir der liebste Besucher
ein kleiner, rundlicher Mann
mit Schnauzbart
und dicken Brillengläsern,
der beim Gehen lautstark schnauft:
unser Briefträger.

Ich weiß nicht,
wo ich Esthers Briefe
verstecken soll,
im Kinderzimmer
gehört nicht mal
ein einziger
Quadratzentimeter
nur mir allein.

Diese paar Briefe
in den bunten Kuverts
sind das Schönste,
das ich besitze.

Der erste Schnee
dieses Winters.

Es ist sieben Uhr morgens,
noch ganz dunkel,
und ich stehe am Bahnhof,
sehe die Züge
ein- und ausfahren
und träume davon,
in einen davon einzusteigen
und etwa acht Stunden später
wieder auszusteigen,
einen Bus zu nehmen
oder zwei
und heute Abend,
wenn alle schon schlafen,
leise an ihr Fenster zu klopfen.

So leicht wäre es.
Hätte man Geld.
Und Ferien.
Oder einfach nur
genügend Mut.

Ich stehe da.

Und friere.

Aisha liebt Weihnachten,
sie liebt alles daran:

den Kerzenduft,
die beleuchteten Straßen,
die Weihnachtslieder im Radio,
das Lametta auf den Tannen,
den Kinderbeerenpunsch
und den Nikolaus,
der zu ihr in die Schule kommt
(und eigentlich Frau Mayer ist,
ihre Werklehrerin).

Almir fährt über Weihnachten
zu seinen Großeltern,
Sophie zum Schifahren in die Berge,
Emma kümmert sich
um ihren kranken Hund
und Niki sollte sich mal
um bessere Noten kümmern,
findet zumindest ihre Mutter.
Wenigstens bleibt Luka über die Ferien da.

Esther hat mir geschrieben,
dass ihre Eltern heuer
Weihnachten nicht zusammen verbringen,
aber sie sind ja ach so gnädig
und überlassen Flippa und ihr
die freie Entscheidung,
mit wem sie feiern wollen.

Mama hat mir eröffnet,
dass Christoph an Weihnachten
zu uns kommen wird
und dann zum ersten Mal hier übernachtet.
Mama hat kein eigenes Zimmer,
sie schläft in der Wohnküche auf der Couch,
und die ist nicht mal so breit
wie ein Einzelbett.
Wie sollen die beiden da Platz finden,
wenn nicht aufeinander?

Wäre doch schon
der Fünfundzwanzigste,

tippe ich,

dann könnte das Leben
wieder normal sein!

Wäre ich doch schon
fünfundzwanzig
(achtzehn reicht auch),
dann könnte das Leben
endlich *normal sein!*

kommt prompt
ihre Antwort zurück.

Und irgendwann
erwache ich
und im Kalender
steht tatsächlich
der Fünfundzwanzigste.

Gestern Abend
haben wir Lieder gesungen,
aus der alten Heimat
und der neuen,
Weihnachtslieder
und ganz andere,
aus vier verschiedenen
Kehlen,
in vier verschiedenen
Tonlagen.

Ich bin nicht sicher,
ob die vierte Stimme
zu uns anderen
gepasst hat.

»Flippa hat an Weihnachten geweint
und sich in ihr Zimmer eingeschlossen.«
Ich weiß nicht,
warum ich Aisha davon erzähle.
Sie sieht mich mit großen Augen an.
»Flippas Papa ist ausgezogen«,
erkläre ich.
»Einfach so?«, flüstert sie ungläubig.
»Naja, ihre Eltern mögen sich
nicht mehr so gern.«

Aisha starrt mich an
und dann rutschen ihr ganz plötzlich
die Tränen aus den Augen
und sie beginnt heftig zu schluchzen,
als ginge es nicht um Flippas Eltern,
irgendwo weit weg,
sondern um, keine Ahnung,
Mama und Christoph, vielleicht.

Kann aber auch sein,
dass es Tränen sind,
die von weit her kommen,
aus einer Zeit,
an die sie sich gar nicht
erinnern kann.

Man befragte Mama,
wieder und wieder,
bis sie völlig durcheinander war.

Es gab Menschen, die uns halfen,
und solche, die uns beschimpften.

Mama ließ alles geschehen.

Ich nahm ihr ihre Unterwürfigkeit übel,
wünschte so sehr,
dass sie wütend würde,
sich nichts gefallen ließe,
sich in jene energische Mutter
zurückverwandelte,
die sie früher gewesen war.

Aber nichts war mehr wie früher –
wie hatte ich da erwarten können,
meine Mutter würde es sein?

Mama verschwand
mehr und mehr.

An einen Ort,
der für mich unzugänglich war,
irgendwo tief in ihr drinnen.

Ich legte Aisha in ein Tuch,
band es mir um den Körper
und trug sie den ganzen Tag herum,
wie es in meinem Land
die Mütter mit ihren Babys tun,
oder die älteren Geschwister.

Sie sagte es
nur ein einziges Mal,
in einem Moment
äußerster Verzweiflung,
als die unzähligen Enttäuschungen
und das zermürbende Warten
ihren ganzen Vorrat an Hoffnung
endgültig aufgebraucht hatten:

»Wir hätten damals auch
über Bord gehen sollen.«

In der Schule
hatte ich lange Zeit
keine wirklichen Freunde,
also verbrachte ich
die meiste Zeit damit,
wie verbissen zu lernen:
rechnen,
schreiben,
eine neue Sprache.

Als die fremden Wörter
nicht mehr so fremd waren
und mir immer leichter
über die Lippen kamen,
kamen nach und nach
auch die Freunde.

Dennoch hielt ich
mein neues Leben
nur für eine Phase –
für nichts anderes
als eine lange Wartezeit,
bis wir endlich wieder
in unser Land
zurückkehren würden.

Heimat,
das waren für mich
die Straße, in der wir gelebt hatten,
die trubeligen Märkte
und knatternden Motorräder,
die bunten Kleider
und bunten Sonnenschirme,
das Hupen der Busse,
das Rufen der Händler

und der Geruch,
der über allem lag.

Mein bester Freund
humpelte,
er hatte ein zu kurzes Bein,
aber er konnte
die tollsten Geschichten erzählen,
so verrückt und gruselig
wie keiner sonst.
Immer,
wenn es so spannend wurde,
dass ich mir vor lauter Angst
beinahe in die Hose gepinkelt hätte,
konzentrierte ich mich
ganz fest
auf seinen Mund.
Bis heute kann ich,
wenn ich die Augen schließe,
die Bewegungen seiner Lippen
noch sehen
vor mir.

Das Jahr steht
unmittelbar vor der Wende
und Luka steht
unangemeldet vor der Tür.

So höflich und charmant
wie er eben sein kann,
wenn er etwas Bestimmtes erreichen will,
überredet er Mama
mich weggehen zu lassen –
zur ersten Party
meines Lebens.

Da ist eine Uhr,
die nach Mitternacht zeigt,
ein Boden,
der gefährlich schwankt,
ein Lippenpiercing,
das sich kalt anfühlt,
eine warme Zunge,
die nach meiner tastet,
und eine Stimme in meinem Kopf,
die säuselt:
Mach ruhig weiter,
jetzt ist es eh schon
zu spät.

Als erstes spüre ich
das Hämmern in meinem Schädel,
als zweites die dicke Luft,
die aus der Küche dringt.

Mama ist wütend.
Ich war viel zu spät dran,
noch dazu mit Alkoholfahne,
das verzeiht sie mir wohl nie.

Christoph scheint sie
beruhigen zu wollen.
Vielleicht sagt er sowas wie:
Das machen doch alle Jungen einmal.
Und damit hätte er sogar recht,
zumindest was die Jungen hier betrifft.
Und selbst wenn Mama es
im Moment gerade
nicht wahrhaben will:
Ich bin mittlerweile eben auch
ein Junge von hier.

Das schlechte Gewissen
plagt mich.
Nicht, dass mir
das fremde Mädchen
gefallen hätte
(ich weiß ja kaum noch,
wie sie ausgesehen hat),
aber ihr Geschmack
liegt mir noch
auf der Zunge.

»Kein Alkohol mehr«,
sagt Mama
mit der strengsten Stimme,
die sie hat.

»Kapiert«, sage ich.
»Du sollst es nicht nur kapieren,
du sollst mir auch versprechen,
dass sowas nie mehr passiert.«
Also verspreche ich es ihr.

Für den Moment
nimmt Mama mir
die Entscheidung ab,
aber früher oder später
muss ich wohl
meine eigene treffen.

28. JÄNNER

LIEBE ESTHER,

DIE WOCHEN VERGEHEN
LANGSAM UND SCHNELL ZUGLEICH.
KOMMT ES DIR AUCH SO VOR?
IN DER SCHULE SCHREIBEN WIR
EINE PRÜFUNG NACH DER ANDEREN,
UND DER BRAUNE SCHNEEMATSCH,
DER AUF DEN STRAßEN LIEGT,
STÖRT DIE LEUTE
UND MACHT SIE GEREIZT.

WIE IST ES BEI DIR ZUHAUSE
SEIT DEIN VATER AUSGEZOGEN IST?
SEHT IHR IHN REGELMÄßIG,
FLIPPA UND DU?

UND WERDEN WIR BEIDE UNS
WOHL EINES TAGES WIEDERSEHEN?

DAS HOFFE ICH SEHR.

DEIN SALOMON

Wenn du dich hinsetzt,
um etwas zu zeichnen,
kann es sein,
dass dir Hässliches
zunehmend
schön erscheint,
je genauer du
hinsiehst.

Wenn du in dich
hineinspürst
und eine Erinnerung
aufleben lässt,
kann es sein,
dass dich das Schöne
zunehmend
quält,
je unwiederbringlicher
es dir erscheint.

Ich merke,
dass sich seit Silvester
etwas in mir
verändert hat.

Ich merke,
dass ich mir eine Freundin
aus Fleisch und Blut
wünsche,
deren Haut ich
tatsächlich fühlen kann,
nicht nur
in meiner Fantasie.

»Ich übernachte heute bei Christoph,
zum Frühstück bin ich wieder da,
bist du so lieb und bringst Aisha ins Bett?«

Sie sagt es,
während sie ein paar Brösel
vom Tisch in ihre Handfläche wischt.

Ich halte mitten im Schuhbinden inne.
Das kann nicht ihr Ernst sein.
»Nein«, entfährt es mir,
»so lieb bin ich nicht.«

Überrascht blickt sie auf.

Ich bin eigentlich nie trotzig,
kein streitsüchtiger,
rebellischer Jugendlicher.

Aber das hier geht zu weit.
Will sie ab sofort
lieber bei Christoph wohnen
und mich und Aisha
hier alleinlassen?
Will sie etwa noch ein Kind,
mit ihm?

»Und was ist mit Papa?«,
sage ich
und merke im selben Moment,
wie absurd das klingt,
aber in meiner Verzweiflung
fällt mir einfach nichts Besseres ein.

Jetzt ist sie es,
die mitten in der Bewegung innehält.
Dann kneift sie die Lippen zusammen,
wirft die Brösel in die Abwasch
und verlässt die Wohnung,
ohne Mantel
und ohne ein weiteres Wort.

Nie hätte ich von mir gedacht,
dass ich eines Tages so gemein sein
und den Schuldgefühlstrumpf
gegen sie
ausspielen würde.

Ich lege mir eine Decke
um die Schultern
und meine Hände
um eine Schale Tee.
Starre hinaus
in den stockdunklen Morgen.
Die Kälte des Bodens
kriecht durch meine Socken
und von den Zehen aufwärts
in meinen ganzen Körper.

»Wovor hast du Angst?«
Mamas Stimme klingt
wieder ganz normal,
sie schiebt mir
Gebäck und Butter zu.

Ich greife zum Messer
und schmiere mir ein Brot,
so langsam,
dass ich fast einschlafe dabei,
dann kaue ich
und trinke Tee
in winzig kleinen Schlucken.

Wir schreiben heute
einen Geschichte-Test,
ich habe eindeutig
zu wenig gelernt.

Luka ist krank,
schon seit einer Woche,
und Jolanda hat mich
gestern plötzlich gefragt,
ob wir mal wieder
zusammen was machen wollen,
ins Kino gehen oder so.
»Mal schauen«, habe ich gesagt
und gewusst:
Das will ich nicht.

Ich spüre Mamas Blick auf mir,
sie wartet auf eine Antwort.

Wovor habe ich Angst?
Wovor habe ich nur solche Angst,
wenn es um
Mama und Christoph geht?

Ich kaue
und schlucke.
»Keine Ahnung«, sage ich.

Und das ist tatsächlich
die einzige Antwort,
die ich habe.

Seit Wochen
hat Esther sich nicht mehr gemeldet.
Bestimmt hat sie es gerade nicht leicht
mit der Trennung ihrer Eltern.

Nirgends stimmt die Rechnung –
dort einer zu wenig,
hier einer zu viel.

Aisha hopst die Straße hinunter,
aus ihrem Mund steigen
kleine Atemwölkchen,
es ist nochmal richtig kalt geworden.
Christoph hat uns Geld gegeben
und wir holen uns Maroni,
zwei große Portionen,
von dem Mann
mit der roten Zipfelmütze.
Weihnachten ist längst vorbei,
wir haben Anfang März,
aber er trägt die Mütze immerfort,
und Aisha liebt diese Mütze
und den Maroni-Mann,
der ihr auch dann eine Maroni schenkt,
wenn sie nur vorbeigeht
und gar nichts kauft.
Heute lassen wir sechs Euro bei ihm
und dafür schmeißt er uns beiden
noch jeweils zwei Stück zusätzlich
in unsere Papierstanitzel.
Er lacht uns an
und streicht Aisha übers Haar,
sie winkt zum Abschied und ruft:
»Bis zum nächsten Mal,
Herr Maronimann!«

Mein Telefon läutet,
ich fummle es aus der Tasche,
Christoph
steht auf dem Display.
Kurz zögere ich,
dann hebe ich ab.
Neben mir plappert
Aisha irgendwas,
deshalb verstehe ich
seine Worte nicht gleich.
Nur dass seine Stimme
anders klingt,
fällt mir auf.
Ich presse mir
das Handy ans Ohr
und höre
»Krankenhaus«,
»nehmt ein Taxi« und
»es tut mir so leid.«

Es ist,
als wäre ich aus meinem Körper
herausgetreten
und irgendein anderer,
den ich nicht kenne,
hätte die Führung übernommen.
Ich rufe ein Taxi,
wir steigen ein,
Aisha will wissen,
was passiert ist,
ich sage,
ich wüsste es nicht,
aber es würde bestimmt alles gut.
Ich fühle nichts,
absolut nichts,
wir fahren durch die Stadt,
ich starre aus dem Fenster,
Aisha klammert sich an mich.
Es ist, als hätte jemand
den Ton eines Films
auf lautlos gedreht,
und ich wundere mich
über meinen Zustand
der Gefühllosigkeit
und frage mich,
ob ich darüber froh
oder schockiert sein soll.
Aber noch bevor ich
eine Antwort gefunden habe,

hält das Taxi an
und Christoph kommt uns
entgegengelaufen,
er bezahlt den Fahrer
und wir folgen ihm
in die große Halle
und durch lange Gänge,
das grelle Neonlicht blendet mich.
Aisha schluchzt jetzt heftig,
Christoph nimmt sie
auf den Arm,
seine Augen sind verheult,
er ist fahrig
und neben der Spur,

nur ich bin

immer noch

seltsam

ruhig.

Da sind Menschen,
die zu mir sprechen,
mich an sich ziehen
und umarmen –
Mamas Freundin Greta,
Christoph
und sogar eine Pflegerin.

Ich will das nicht,
fasst mich nicht an,
jede Berührung tut weh.

Auch Aisha wehrt sich,
reißt sich von Greta los
und wirft sich weinend
um meinen Hals.

»Aisha«, flüstere ich,
»Aisha, schhh, schhhh,
Aisha.«
Immer wieder
murmle ich ihren Namen,
als wäre er eine magische Formel
und als wäre allein
die ständige Wiederholung
dieser Formel
dazu imstande,
das Leben von Mama
zu retten.

Es ist,
als hätte sich unter mir
eine Falltür geöffnet,
und ich würde nun
über dem Abgrund baumeln,
nur noch mit ein paar Fingern
an den Rand des Bodens
gekrallt.

Man spricht wenig
und wenn doch,
dann nur in leisen Worten.
Immer noch im OP,
heißt es,
so etwas kann dauern.
Ist das ein gutes Zeichen
oder ein schlechtes?
Wieso sagt uns niemand Bescheid?
Aisha ist ganz ruhig geworden,
vielleicht hat jetzt auch sie
ihren Körper verlassen
und sich ein Versteck gesucht,
wo kein Gefühl sie mehr
erreichen kann.

Greta holt uns Cola vom Automaten,
wir halten die Dosen in den Händen
und nippen nicht mal daran.
Christoph lässt den Kopf
auf seine Brust sacken
und schluchzt ganz plötzlich
so laut auf,
dass ich zusammenfahre
und die Dose fallen lasse.

Cola und Schaum
verteilen sich über den Boden.

Die Putzfrau kommt,
sie wischt die Bescherung auf,
ich entschuldige mich
bei ihr.

Sie lächelt mir zu
und in ihrem Gesicht liegt
nicht die kleinste Spur
von Ärger.

Wo sollen wir wohnen,
von welchem Geld sollen wir leben?
Ich bin zu jung,
um das Sorgerecht für Aisha zu bekommen.
Wo wird man sie dann hinschicken,
uns beide,
in ein Heim?
Oder in unsere Heimat?

Wie soll es bloß weitergehen,

wenn

wenn

wenn

Bitte
bitte
bitte

lass sie überleben

Bitte,
Papa,
schick sie wieder zurück,
erlaube ihr nicht
zu bleiben,
auch wenn du sie
bestimmt sehr vermisst hast
und dich freust,
sie wiederzusehen,
noch dazu,
wo sie doch eigentlich
zu dir gehört und
nicht zu diesem Christoph,
aber bitte, bitte
lass sie gehen
und hab noch
ein paar Jahrzehnte
Geduld.

Ein Mann nähert sich
mit schnellem Schritt,
er fixiert mich
mit einem irren Blick.
Ich will zurückweichen,
doch da wirft er sich
vor mir auf die Knie,
nimmt Aishas kleine Hand,
presst sie sich an die Wange
und murmelt Unverständliches.
Wer ist das?
Was geht hier vor?
Ich ziehe Aisha weg von ihm.
Eine Pflegerin kommt,
sie hilft dem Mann auf die Beine,
redet beruhigend auf ihn ein
und führt ihn weg von uns.
Ich ahne plötzlich,
dass dieser fremde Mann
irgendetwas mit Mamas Unfall
zu tun haben muss.
Was genau,
will ich lieber nicht wissen,
ich müsste ihn sonst
hassen.

Keine Ahnung,
wie viele Stunden vergangen sind,
als endlich jemand kommt.
Ein Arzt,
er steuert direkt auf uns zu
und mir wird klar,
dass dies der Moment der Wahrheit ist.
Der Arzt bleibt vor uns stehen,
nimmt seine Brille ab,
eine goldene Kette fängt sie auf.
Und in den vier Sekunden,
bevor er zu sprechen beginnt,
bricht alles,
was ich gut verschlossen
in einem Schrank aufbewahre,
in einem hinteren Winkel meiner Erinnerung,
alles, von dem ich zwar weiß,
dass es da ist,
an das ich zwar denken kann,
aber nur,
solange ich die Macht über die Türen habe,
all das bricht
in diesen vier Sekunden
aus seiner sicheren Verwahrung aus
wie ein wildes Tier
aus seiner jahrelangen Gefangenschaft,
mit Wahnsinn im Blick
und gefletschten Zähnen.

Ich bin wieder sechs Jahre alt,
höre die Schüsse
und rolle mich,
so klein ich kann,
hinter der Tür zusammen.
Ich bin wieder der siebenjährige Bub
mit dem Baby im Arm,
der gerade von einem kaputten
und heillos überfüllten Boot
gerettet wurde,
der erleichtert sein sollte,
aber beim Anblick seiner Mutter denkt:
Sie wird an Traurigkeit sterben.
Ich bin der Moment
vor ein paar Stunden,
als Christoph mich angerufen
und von einem Unfall gesprochen hat.

Ich bin alle Hoffnung
und alle Verzweiflung
der Welt.

Der Arzt setzt zum Sprechen an,
mein Magen dreht sich um,
mir schießt ein Schwall Kotze
aus dem Mund,
das Erbrochene klatscht
auf den Boden.
Christoph ist sofort bei mir,
Aisha bricht in Tränen aus,
Greta holt Tücher aus dem WC,
ein Pfleger eilt herbei.
Nur der Arzt steht seelenruhig,
als ginge ihn das alles nichts an.

Als ich ihn endlich ansehen kann,
sagt er:
»Du darfst jetzt zu ihr.«

Die Putzfrau muss
ein weiteres Mal kommen,
aber das kriege ich nicht mehr mit.
Ich schleiche hinter dem Arzt her,
mit zittrigen Knien
und darum bemüht,
das Gleichgewicht nicht zu verlieren.

Vor der Tür zur Intensivstation
muss ich meine Hände desinfizieren
und Schutzkleidung anlegen,
und als ich die Glocke läute,
versuche ich,
mich auf den schlimmsten Anblick
gefasst zu machen
und trotzdem die Hoffnung
nicht zu verlieren.

Eine Frau mit Mundschutz öffnet,
lässt mich ein,
es wirkt gespenstisch hier drin.
Kaum ein menschliches Geräusch,
nur Maschinen,
die piepen und rauschen.
Die wenigen Betten sind mit Vorhängen
voneinander getrennt,
die Frau zieht einen Vorhang zurück

– und mein Herz sackt in sich
zusammen.

Da liegt meine Mutter
und auch wieder nicht,
zumindest nicht die,
die ich kenne.
Da liegt sie,
und ich bin so unendlich dankbar,
dass sie da liegt
und atmet,
wenn auch mithilfe eines Schlauchs.

Aber sie ist so weit weg,
wie in einem Zwischenbereich,
zwischen dem Leben hier
und einem anderswo.

Was,
wenn sie zurückkehrt
und doch nie wieder
dieselbe ist?

Ich halte ihre Hand,
nur ganz leicht,
als könnte jede Berührung
sie schmerzen.
Viel lieber
würde ich mich zu ihr legen,
meinen Kopf auf ihren Bauch,
so wie früher immer.
Sie würde mir durchs Haar fahren
und mir etwas vorsingen,
ich würde ihre tiefe Stimme hören
und das Gluckern und Blubbern
in ihrem Bauch.
All das würde mich so schläfrig machen,
dass ich hinübergleiten würde,
direkt in einen schönen Traum.

Aber das hier ist kein Traum.
Und wenn doch,
dann ein besonders
schlimmer.

Ich will hierbleiben,
aber das geht nicht,
also bestellt Christoph ein Taxi
und fährt mit uns heim.
Es ist weit nach Mitternacht
und Aisha schläft im Auto ein.
Sie ist schon lange kein Baby mehr,
sie ist ein großes Schulkind geworden,
trotzdem trage ich sie wie früher
in meinen Armen
drei Stockwerke hinauf,
wiege sie dabei ganz leicht,
und obwohl mir Christoph
seine Hilfe anbietet,
lasse ich sie keine Sekunde lang los.

Von außen mag es so aussehen,
als würde ich Aisha tragen,
aber in Wahrheit
klammere ich mich an ihr fest.

»Wird sie wieder gesund?«
Aisha hat mich gefragt,
immer und immer wieder
nachdem ich von Mamas Krankenbett
zurückgekommen war.
»Ja«, habe ich gesagt,
immer und immer wieder,
und sie schien mir zu glauben
und Christoph und Greta
taten es ebenso.
Sie sahen so erleichtert aus
und kapierten nicht,
dass ich Aisha in diesem Moment
gar nichts anderes hätte sagen können,
als immer nur ja,
und kapierten nicht,
dass ich mir selber
nichts sehnlicher wünschte
als jemanden, der mir sagt:
Es wird alles gut.

Christoph hat bei uns
übernachtet,
draußen in der Küche,
in *Mamas* Bett.

Ich könnte wütend werden.

Könnte ich,
hätte ich Kraft dazu.

Man hat mir gesagt,
ich solle mit ihr sprechen,
mit ruhiger Stimme,
und ihr von etwas Schönem erzählen.
Sie könne meine Anwesenheit spüren
und mich wahrscheinlich hören,
auch, wenn sie gar nicht reagiert.
Ich weiß nicht,
was ich ihr Schönes erzählen soll,
wie kann es überhaupt noch
irgendwas Schönes geben?
Aber ich reiße mich zusammen
und sage:
»Aisha malt dir Bilder,
eins nach dem anderen,
und Christoph kocht für uns alle.
Er macht das nicht schlecht,
aber du machst es besser,
du bist die beste Köchin der Welt.«
Und auch die beste Mutter,
füge ich im Kopf hinzu
und hoffe,
sie hört auch
meine Gedanken.

Als ich am dritten Tag
ihre Hand in meine nehme,
spüre ich einen leichten Gegendruck.

Ich trete auf die Straße.
Die Sonne scheint.
Ich kann den Frühling riechen.

Vor dem Spital
weiß ich plötzlich nicht,
wohin mit mir,
weiß nicht,
in welche Richtung ich soll,
stehe da
und steh nur herum
und am Ende
lasse ich mich einfach
auf der Gehsteigkante nieder.
Ich möchte weinen,
vor Sorge
oder vor Glück.
Aber ich bin zu müde,
zu verwirrt
und unendlich erschöpft.
Und zwischen all dem
taucht plötzlich noch etwas auf:
eine riesige Sehnsucht
nach Esther.
Und bevor ich weiß,
was ich da mache,
habe ich ihre Nummer gewählt.

Es beutelt mich durch,
ich schluchze und schluchze,
wo kommen plötzlich
die Tränen her?

Sieben Monate lang
habe ich nicht mit Esther gesprochen,
wir haben niemals telefoniert.
So vieles ist passiert –
ich habe ein anderes Mädchen geküsst,
Christoph hat einen eigenen Schlüssel
für unsere Wohnung bekommen
und meine Mutter wurde
von einem Auto angefahren.

Meine Welt ist in sich
zusammengefallen.

Und dennoch gibt mir das Wissen,
dass Esther da ist
und meinem Schluchzen zuhört,
und sei es nur
am anderen Ende der Leitung,
den Trost,
den ich in den letzten Tagen
nirgendwo sonst
gefunden hab.

Mitten in der Nacht
erwache ich
und ein Gedanke schießt mir
ein wie ein Blitz:
Vielleicht hat Esther sich deshalb
so lange nicht mehr gemeldet,
weil sie längst
einen neuen Freund hat.

Sofort schäme ich mich
für meinen Anruf,
für die Tränen
und dafür,
geglaubt zu haben,
sie sehne sich
ebenso sehr nach mir
wie ich mich
nach ihr.

Seit Kurzem öffnet Mama die Augen,
manchmal spricht sie sogar
einen halben Satz.
Aisha darf jetzt auch mit rein,
sie singt ihr eifrig Lieder vor
und Mama versucht
zu lächeln.
Ihr Gesicht nimmt langsam wieder
seine ursprünglichen Formen an,
die Schwellungen gehen zurück,
die Blutergüsse verblassen.

Wenn Aisha und ich
herauskommen,
geht Christoph zu Mama rein.

Seit Mamas Unfall
ist er ständig bei uns,
bringt Aisha abends ins Bett
und richtet mir morgens das Frühstück.
Und obwohl ich seit einer Woche
nicht mehr zur Schule gegangen bin,
verliert er darüber kein Wort.

Nacht für Nacht
schreckt Aisha jetzt hoch
und schlüpft dann
zu mir ins Bett.
Manchmal erwache ich
schon eine halbe Minute vor ihr,
so sehr hat sich mein eigener Schlaf
angepasst
an den Rhythmus
ihrer bösen Träume.

Aisha schläft noch,
ich sitze in der Küche
und Christoph stellt
Teewasser auf.

Er hat sich lange
nicht mehr rasiert
und sieht dadurch
viel älter aus.

Vielleicht ist es aber
auch gar nicht der Bart,
sondern vielmehr
die Last der Sorgen.

»Danke«,
sage ich
und es kommt
aus tiefstem Herzen.

Er sieht mich an,
der Kessel pfeift,
er legt seine Hand
auf meine.

Nach zwei Wochen
gehe ich erstmals wieder
zur Schule.

Niemand spricht mich
auf Mamas Unfall an,
manche tuscheln,
alle schauen,
aber die meisten nur
heimlich.

In der Pause stehe ich
mit Luka auf dem Hof,
kurz umarmt er mich,
wortlos,
und es ist kein bisschen
peinlich.

Die Lehrer
erlassen mir
das Nachholen
der Prüfungen
und Hausübungen
und sehen mich
mit Blicken
von mitfühlend
über mitleidig
bis ausdruckslos
an.

Zum Glück sind es
nur ein paar Tage,
bis die Osterferien
beginnen.

Man hat Mama verlegt,
von der Intensiv
auf die normale Station.

Auf ihrem Nachttisch
steht ein riesiger Strauß bunter Blumen.
»Schön sind die«, sage ich.
»Von Christoph?«

Mama schüttelt den Kopf.
Und weil sie sonst nichts sagt,
werfe ich einen Blick
auf die beiliegende Karte.

Zuerst verstehe ich nicht,
aber dann
schießt die Wut mir in den Bauch.
»Von *dem*
hast du Blumen angenommen?«

Mama greift nach meiner Hand.
»Salo«, sagt sie ruhig
und streichelt mit ihrem Daumen
über die raue Haut
an meinen Fingerknöcheln.
»Ich habe so viele Leben verloren
und immer ein neues gewonnen.
Wieso soll nicht auch dieser Mann
ein neues beginnen dürfen?«

Seit gestern
weht ein warmer Wind,
der Winter liegt endgültig hinter uns,
zumindest will ich das glauben.

Ich möchte mit Aisha
etwas Besonderes machen
und wie automatisch
zieht es uns an den Ort,
an dem die Welt noch in Ordnung war,
kurz bevor der Schrecken begann.

Drei Wochen lang
sind wir nicht hier vorbeigekommen.
Der Maronibrater ist verschwunden,
stattdessen hat ein Stand aufgemacht,
der kitschigen Osterschmuck verkauft.
Die Enttäuschung steht
Aisha ins Gesicht geschrieben.

Ich taste in meiner Hosentasche
nach dem Notreserve-Fünfer.
»Komm mit«, sage ich,
»wir teilen uns einen Kakao
im Kaffeehaus bei uns ums Eck.«

Zögerlich trottet sie hinter mir her,
aber der Frühling
heftet sich an unsere Fersen

und bald kann sie gar nicht anders,
als mehr zu hopsen,
statt zu gehen.

Der übermütige Wind
weht mir
die Müdigkeit von den Schultern
und als wir in unsere Straße biegen
ein Trugbild vors Gesicht:

Vor unserem Haus sitzt –

eine Fata Morgana.

Aisha springt Esther
in den Schoß,
ich schwitze plötzlich,
suche nach Worten
und meine Gesichtsmuskeln
tun seltsame Dinge,
irgendwas zwischen staunen
und hemmungslos grinsen.
Esther lässt Aisha los,
rappelt sich hoch
und sieht mich verlegen an.
Und weil ich nur blöd dastehe,
schiebt Aisha mich
ganz einfach zu Esther hin,
so ruckartig und fest,
dass ich stolpere
und direkt
in ihren Armen lande.

Endlich bin ich da,
wo ich sein will.

Zu dritt schlürfen wir
eine Tasse heiße Schokolade
und bezahlen mit meinem Fünfer.
Dann bestellt Esther noch eine,
die wir erneut rundherum reichen,
bezahlt sie
und bestellt eine dritte.
Die Kellnerin könnte uns hassen,
weil sie unseretwegen
ständig hin- und herlaufen muss,
tut sie aber nicht,
stattdessen lächelt sie uns zu,
als könnte sie sich noch
lebhaft daran erinnern,
wie es war,
vierzehn zu sein,
voll Übermut und Sehnsucht,
voll Schmerz und tiefer Traurigkeit.

Und in diesem Moment
schießt es mir schlagartig ein:
Seit gestern bin ich
fünfzehn.

Aisha ruft es laut heraus,
sobald wir die Wohnung betreten.
Christoph,
der auf der Couch gelegen
und vermutlich geschlafen hat,
schreckt auf
und schaut verdutzt auf Esther.
Dann schreibt er,
ohne weitere Fragen zu stellen,
eine Einkaufsliste,
gibt mir Geld
und schickt mich mit Esther
nochmal los.

Auf der Straße
greife ich vorsichtig
nach ihrer Hand.

So lange ist es her,
und trotzdem fühlt es sich
sofort wieder vertraut an.
Als hätten unsere Hände
nie etwas anderes getan,
als einander zu halten,
als wüssten sie nichts
von sieben Monaten Trennung,
als gäbe es für sie
keine Verlegenheit.

Christoph macht sich daran,
eine Torte zu backen,
während Aisha Esther
all ihre Zeichnungen und Basteleien
der letzten Wochen zeigt,
ihre Schreib- und Rechenhefte,
ihre geheimsten Schätze
(leere Maronischalen,
zerrupfte Vogelfedern,
eine goldene Büroklammer in Sternform)
und zuletzt –
kichernd und voll Übermut –
mein Geheimversteck
für Esthers Briefe.
»Woher weißt du ...«,
poltere ich,
aber Aisha läuft kreischend davon,
raus in die Küche,
um auch Christoph lautstark
von dem Versteck zu berichten.
»Kleine Kröte«,
murmle ich ein wenig beschämt,
sehe Esther an,
und im nächsten Moment

küssen wir uns.

»Was hast du deinen Eltern gesagt?«,
frage ich.
Sie zuckt mit den Schultern.
»Dass es lebenswichtig ist.«
Ich lache sie an.
»Und das haben sie dir
durchgehen lassen?«
Sie schaut mit ernstem Blick zurück.
»Es *ist* lebenswichtig, Salomon.«

Wir packen alles zusammen,
die Besuchszeit ist längst vorbei,
aber man kennt uns dort ja
und lässt uns zu ihr.

Als wir um sie stehen,
leuchtet alles an ihr,
und das nicht nur vom Kerzenschein.

Christoph stimmt Happy Birthday an,
und erst als wir geendet haben,
wird mir bewusst,
dass es wohl *mein* Geburtstagslied
hätte sein sollen,
wir es aber
für Mama
gesungen haben.

Es hat ewig gedauert,
bis Aisha endlich eingeschlafen ist.
Jetzt hören wir ihren ruhigen Atem,
bis nach oben,
bis in meine Etage,
wo Esther und ich zusammen liegen.
Alles ist
weich
und warm
und eins –
von der Stirn bis zu den Zehen
berührt sich alles an uns,
als gäbe es keine Grenze.

Mama ist im Krankenhaus
und ich bin hier
und sehne mich so sehr danach,
Esther zu küssen,
ihre nackte Haut zu ertasten,
dass ich fast verrückt werde.

Wie können
Sorge und Sehnsucht,
Traurigkeit und Glück
nur so nahe
beieinanderliegen?

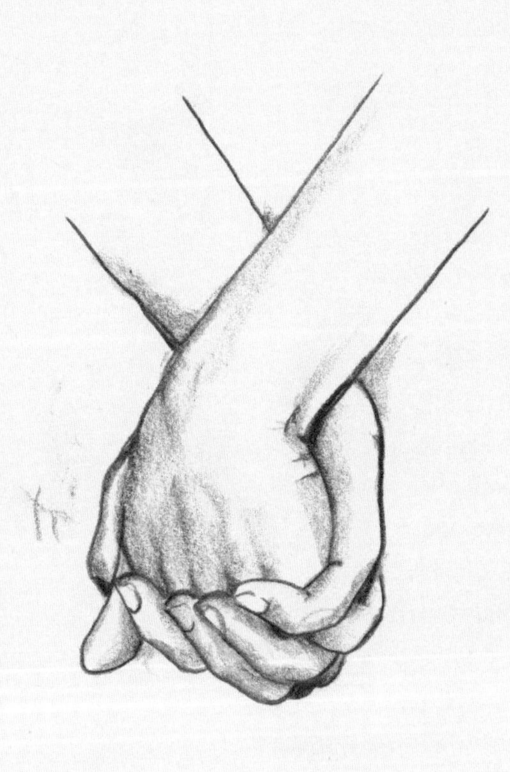

Wir fahren mit der Straßenbahn
einfach so durch die Gegend,
sitzen auf dem Fensterbrett
und schauen hinaus in die Stadt,
kochen uns Gewürztee
und Pasta mit Sugo,
treffen uns mit Luka zum Basketball.

Dazwischen besuchen wir Mama.

»Danke«,
sagt sie zu Esther
und küsst ihr zart die Hand.

»Danke«,
sage ich abends im Bett
zu Esther
und küsse sie
direkt auf den Mund.

Ohne Christoph wären wir
verloren gewesen.
Ich möchte es ihm sagen,
es ihm irgendwie zeigen –
dass ich ihn längst
nicht mehr gehen lassen will.

»Aber wie?«,
frage ich Esther.
»Er weiß es auch so«,
beruhigt sie mich.

Es sind Tage
voll dichter Momente,
voll Kribbeln
und Immer-noch-Bangen,
voll Schweben und
Angst vor dem Fall.

Am Ende wird diese Zeit
zu einer Flickendecke
aus Augenblicken
gerinnen
und ich kann nur hoffen,
dass sie mir meine Haut
nicht wundreibt,
sondern warm und weich
auf mir liegen wird.

14. AUGUST

LIEBE ESTHER,

AISHA KANN ES KAUM NOCH ERWARTEN,
FLIPPA WIEDERZUSEHEN,
SCHON SEIT TAGEN IST SIE SO AUFGEKRATZT
WIE EINE VERLIEBTE MÜCKE IM MAI.

CHRISTOPH HOLT DEN CAMPER AM FREITAG,
AM SONNTAG HOLEN WIR MAMA
VON DER REHA-KLINIK AB
UND KOMMEN GLEICH ANSCHLIESSEND
ZU EUCH AN DEN SEE.

NUR NOCH EINE WOCHE,
DANN SIND WIR DA.

BIS GANZ BALD,

DEIN SALOMON